Aberta a todas as correntes do pensamento, integra autores modernos e textos fundamentais que vão da filosofia da linguagem à hermenêutica e à epistemologia.

BIBLIOTECA DE FILOSOFIA CONTEMPORÂNEA

1. *Mente, Cérebro e Ciência*, John Searle
2. *Teoria da Interpretação*, Paul Ricoeur
3. *Técnica e Ciência como Ideologia*, Jürgen Habermas
4. *Anotações sobre as Cores*, Ludwig Wittgenstein
5. *Totalidade e Infinito*, Emmanuel Levinas
6. *As Aventuras da Diferença*, Gianni Vattimo
7. *Ética e Infinito*, Emmanuel Levinas
8. *O Discurso da Acção*, Paul Ricoeur
9. *A Essência do Fundamento*, Martin Heidegger
10. *A Tensão Essencial*, Thomas Kühn
11. *Fichas (Zettel)*, Ludwig Wittgenstein
12. *A Origem da Obra de Arte*, Martin Heidegger
13. *Da Certeza*, Ludwig Wittgenstein
14. *A Mão e o Espírito*, Jean Brun
15. *Adeus à Razão*, Paul Feyerabend
16. *Transcendência e Inteligibilidade*, Emmanuel Levinas
18. *Ideologia e Utopia*, Paul Ricoeur
19. *O Livro Azul*, Ludwig Wittgenstein
20. *O Livro Castanho*, Ludwig Wittgenstein
21. *O Que é uma Coisa*, Martin Heidegger
22. *Cultura e Valor*, Ludwig Wittgenstein
23. *A Voz e o Fenómeno*, Jacques Derrida
24. *O Conhecimento e o Problema Corpo--Mente*, Karl R. Popper
25. *A Crítica e a Convicção*, Paul Ricoeur
26. *História da Ciência e suas Reconstruções Racionais*, Imre Lakatos
27. *O Mito do Contexto*, Karl R. Popper
28. *Falsificação e Metodologia dos Programas de Investigação Científica*, Imre Lakatos
29. *O Fim da Idade Moderna*, Romano Guardini
30. *A Vida é Aprendizagem*, Karl R. Popper
31. *Elogio da Teoria*, Hans-Georg Gadamer
32. *Racionalidade e Comunicação*, Jürgen Habermas
33. *Palestras*, Maurice Merleau-Ponty
34. *Cadernos, 1914–1916*, Ludwig Wittgenstein
35. *A Filosofia no Século* XX, Remo Bodei
36. *Os Problemas da Filosofia*, Bertrand Russell
37. *Ética da Autenticidade*, Charles Taylor
38. *Bios. Biopolítica e Filosofia*, Roberto Esposito
39. *A Luta pelo Reconhecimento*, Axel Honneth
40. *Amor e Justiça*, Paul Ricoeur
41. *Vivo até à Morte* seguido de *Fragmentos*, Paul Ricoeur
42. *O Aberto. O Homem e o Animal*, Giorgio Agamben
43. *Temperamentos Filosóficos*, Peter Sloterdijk
44. *Deus, a Morte e o Tempo*, Emmanuel Levinas
45. *A Simbólica do Mal*, Paul Ricoeur
46. *A Arqueologia do Saber*, Michel Foucault
47. *Diálogo sobre a História e o Imaginário Social*, Paul Ricoeur e Cornelius Castoriadis
48. *Mobilização Total*, Maurizio Ferraris
49. *De fora. Uma filosofia para a Europa*, Roberto Esposito
50. *De fora. Os Mestres da Humanidade*, Karl Jaspers
51. *Conjeturas e Refutações*, Karl Popper
52. *O que é o conhecimento*, Tommaso Piazza

O Homem Falível

Título original:

L'Homme Faillible

extraído da obra de Paul Ricoeur

Philosophie de la Volonté II. Finitude et Culpabilité

Tradução: Gonçalo Marcelo e Hugo Barros

Revisão: João Moita

Design de coleção: FBA

Capa: Edições Almedina

Depósito Legal: 457855/19

Biblioteca Nacional de Portugal – Catalogação na Publicação

RICOEUR, Paul, 1913-2005

O homem falível. – (Biblioteca de filosofia contemporânea)
ISBN 978-972-44-2030-1

CDU 111

Paginação:
MA

Impressão e acabamento:
ACD Print, S.A.

para
EDIÇÕES 70
Julho de 2019

EDIÇÕES 70, uma chancela de Edições Almedina, S.A.
Avenida Fontes Pereira de Melo, 31 – 3.º C – 1050-117 Lisboa / Portugal
e-mail: geral@edicoes70.pt

www.edicoes70.pt

Paul Ricoeur

O Homem Falível

Tradução e notas de Hugo Barros e Gonçalo Marcelo

Posfácio de Maria Luísa Portocarrero

70

Nota dos Tradutores

Em 2013, quando se comemorava o centenário do nascimento de Paul Ricœur, a Edições 70 deu à estampa *A Simbólica do Mal*(1), primeira e única tradução portuguesa de um texto pioneiro e ímpar no contexto do pensamento ricœuriano por marcar o início da «viragem hermenêutica» da obra do filósofo francês e pela riqueza histórica, cultural e religiosa dos símbolos que analisa. Convém, no entanto, relembrar que esse texto foi originalmente publicado em francês, em 1960, como parte de uma obra de maior fôlego e com dois volumes de natureza relativamente distinta. Com efeito, o primeiro volume dessa obra é este *O Homem Falível*, ensaio de antropologia filosófica fundamental e que leva a cabo as análises filosóficas que preparam a transição para *A Simbólica do Mal*.

Juntos, estes dois volumes formam a segunda parte do projeto ricœuriano de uma filosofia da vontade, intitulada *Finitude e Culpabilidade*(2). Com esta publicação de *O Homem Falível*, dá-se então por concluída a tradução portuguesa de *Finitude e Culpabilidade*, sendo que a especificidade desta tradução é a de se ter publicado primeiro a conclusão da obra e só agora o estudo filosófico preliminar. No entanto, esta inversão cronológica da ordem da leitura talvez permita aos leitores lusófonos de *A Simbólica do Mal* uma redescoberta e um aprofundamento dos seus aspetos

---

(1) Paul Ricœur, *A Simbólica do Mal* (Lisboa: Edições 70, 2013).

(2) Paul Ricœur, *Philosophie de la volonté II. Finitude et culpabilité. L'homme faillible. La Symbolique du mal* (Paris: Aubier, 1960).

especificamente filosóficos mais importantes, ao tornar evidente uma densidade filosófica que atravessa a totalidade desta obra nas suas duas partes, mas que é sobretudo explanada neste *O Homem Falível*.

Não é função desta brevíssima nota dos tradutores esmiuçar os importantes aspetos filosóficos daquele que será, porventura, o mais elegante dos livros de Ricœur, pela concisão da sua estrutura formal e da sua expressão, bem como pela simples beleza de algumas das suas formulações e pela profundidade da sua reflexão, em diálogo permanente com alguns dos maiores vultos da tradição filosófica ocidental. Cabe-nos apenas esclarecer alguns pontos relativamente à estrutura desta tradução portuguesa e às opções que presidiram a este exercício.

Uma vez que, em francês, *O Homem Falível* e *A Simbólica do Mal* foram publicados num só livro, deve ter-se em conta que a introdução deste texto se refere a toda a obra, nas suas duas partes. No final do livro encontra-se igualmente um posfácio específico a esta tradução portuguesa de *O Homem Falível*, escrito por Maria Luísa Portocarrero, grande especialista do pensamento ricoeuriano, a quem se deve, em grande medida, a contínua vitalidade dos estudos ricoeurianos em Portugal.

Apesar de entre a publicação desta tradução e a de *A Simbólica do Mal* ter decorrido um lapso temporal de cerca de seis anos, tentámos manter, sempre que possível, coerência na terminologia, no estilo e nas opções principais de tradução que adotámos anteriormente. Para uma explicação mais detalhada destas opções, veja-se a nossa «nota dos tradutores» ([3]) a essa tradução. Importa apenas recordar, para os novos leitores, algumas dessas decisões mais importantes. Ricœur cita frequentemente outros autores embora, no caso deste livro, isso seja primariamente feito no diálogo com vultos maiores da tradição filosófica, como Platão, Aristóteles ou Kant, e menos com os seus contemporâneos, tendência que, no *corpus* ricœuriano, se faria sentir sobretudo a partir de meados da década de 60. No caso da existência de traduções em português, de méritos reconhecidos, e às quais nos foi possível ter acesso, usámos essas traduções, por vezes modificando-as para as adaptar à forma como Ricœur está a utilizar de forma específica

---

([3]) Hugo Barros e Gonçalo Marcelo, «Nota dos Tradutores», in *A Simbólica do Mal*, *op. cit.*, pp. 11-16.

alguns conceitos. Nos casos em que não indicamos, em nota, o uso de uma tradução portuguesa preexistente, tal significa que as traduções são da nossa responsabilidade. Quando, porém, fazemos essa tradução e indicamos, por conseguinte, a referência e paginação dos textos originais citados por Ricœur que estamos a traduzir, mas também existe uma tradução portuguesa desses mesmos textos, indicamos igualmente a existência dessa tradução no seguimento da nota; ainda que, nesses casos não tenhamos recorrido às traduções portuguesas preexistentes, cremos ser útil aos leitores de língua portuguesa a indicação dessas traduções. Para além disso, todas as referências foram verificadas e, quando necessário, foram acrescentadas referências que estavam em falta. E, tal como o fizéramos aquando da tradução de *A Simbólica do Mal*, consultámos igualmente traduções preexistentes deste livro, nomeadamente as traduções para inglês([4]) e espanhol([5]), o que foi útil para aferir hipóteses de tradução de alguns dos termos ou passagens mais complicados ou ambíguos.

Tentámos o mais possível ser consistentes no uso das mesmas palavras em português para traduzir os mesmos conceitos, mas, por vezes, e como o fizemos em *A Simbólica do Mal*, para respeitar a polissemia de alguns dos conceitos principais e a diversidade do seu uso, nalguns casos raros traduzimos o mesmo conceito de formas diferentes. É esse o caso, como o explicámos na supracitada tradução da *Simbólica*, da tradução de *faute*, a qual tanto remete para a dimensão semântica da *falta* – de cometer uma falta, de estar em falta perante algo ou alguém – quer para a da *culpa*, que aparece, a maior parte das vezes, como a consciência interiorizada da falta. Sendo este *O Homem Falível* um ensaio que teoriza a dimensão inelutável de fragilidade e falibilidade, de possibilidade e aparição da *falha*, a remissão para a questão da *falta* e da *culpa* é já preparada, daí a aparição do termo já neste livro. Neste livro, assume também especial relevância o conceito de *manquement*, que traduzimos por «carência», traduzindo também «manque» da mesma forma (e *manquer* por «carecer»). O termo

---

([4]) Paul Ricœur, *Fallible Man*, revised translation by Charles A. Kelbley with an introduction by Walter J. Lows (New York: Fordham University Press, 1986).

([5]) Paul Ricœur, *Finitud y Culpabilidad*, trad. Cristina de Peretti, Julio Diáz Galán y Carolina Meloni (Madrid: Trotta, 2004).

aparece raramente, e fá-lo sobretudo no contexto de uma tradução das *Meditações sobre a Filosofia Primeira*([6]) de Descartes, mas a verdade é que assume especial relevância na economia explicativa ricœuriana, precisamente por ajudar a teorizar a passagem da falibilidade para a falta através da «posição» do mal. *Manquement*, aliás, também abrange os campos semânticos da falha e da falta. No entanto, ao contrário da *faute*, que remete para uma dimensão da falta na qual se pressupõe que o sujeito tem o papel ativo de a ter cometido, no caso do *manquement* parece apontar-se mais para a dimensão de se ter algo *em falta*, estando por isso o sujeito «exposto» a falhar precisamente em virtude daquilo que tem em falta (o que, em certa medida, coloca de outra forma a questão da responsabilidade pela falta). Contudo, por usarmos os termos *falha / falhar / falível* para traduzir, respetivamente, *faille / faillir / / faillible* e termos escolhido *falta*, como explicámos, para traduzir uma das dimensões de *faute*, pareceu-nos preferível utilizar um termo diferente para traduzir o *manquement*. A opção por *carência*, ainda que possa ser discutível, inscreve-o também em toda a discussão sobre a privação e sobre o estatuto do mal no contexto da antropologia filosófica que Ricœur leva a cabo ao longo de todo este livro e de *A Simbólica do Mal*.

Em geral, tentamos evitar um excesso de aparato crítico, para não empastelar o texto. Daí que não sejam muito abundantes os casos em que optamos por deixar os conceitos originais entre parênteses retos. Fazemo-lo quando poderia haver ambiguidade na interpretação da tradução ou para assinalar o uso de expressão particularmente importante cuja tradução portuguesa poderia não parecer evidente. O uso de parênteses retos é, portanto, da nossa responsabilidade, sendo os parênteses curvos usados no próprio texto original de Ricœur. De igual forma, mantivemos também apenas um mínimo de notas explicativas, necessárias somente para clarificar alguns momentos da tradução que, sem elas, não seriam porventura tão bem compreendidos. Estas notas são identificadas como nota dos tradutores (*N. dos T.*), a distinguir, portanto, das notas da responsabilidade do autor. Da mesma forma, sempre que modificamos alguma tradução preexistente, assinalamo-lo como «[tradução modificada]», reproduzindo, quando tal se afigura

---

([6]) Descartes, *Meditações sobre a Filosofia Primeira*, introdução, tradução e notas de Gustavo de Fraga (Coimbra: Almedina, 1967).

importante, a tradução original e explicando a razão pela qual, dentro do contexto do uso de determinado termo em Ricœur, a alteração se torna indispensável.

Finalmente, é devida, mais uma vez, uma palavra de agradecimento. Agradecemos à Professora Doutora Maria Luísa Portocarrero a escrita do posfácio, ao Doutor Martinho Soares a ajuda prestada na revisão de alguns conceitos e expressões em latim e grego e, claro, à Edições 70, sobretudo na pessoa da sua editora, Suzana Ramos, pela aposta continuada na tradução das obras de Paul Ricœur em português.

Março de 2019

HUGO BARROS
GONÇALO MARCELO

Introdução

Este livro surge na sequência do estudo *Le volontaire et l'involontaire*, que foi publicado em 1950(*). O vínculo que liga esta obra a esse estudo fenomenológico do projeto, do movimento voluntário e do consentimento já tinha sido caracterizado com precisão na introdução a esse primeiro volume(**). Nessa introdução, foi anunciado que o presente trabalho não seria um prolongamento empírico, uma simples aplicação concreta das análises que eram então propostas sob o título de descrição pura, mas que se iria *remover os parênteses* que nesse volume tinha sido necessário colocar na Falta [*Faute*] e em toda a experiência do mal humano, de forma a delimitar o campo da descrição pura. Ao colocar assim entre parênteses esse domínio da falta, esboçava-se a esfera neutra das possibilidades mais fundamentais do homem, ou, se se quiser, o tom indiferenciado no qual podia tocar tanto o homem culpado como o homem inocente. Esta neutralidade da descrição pura conferia ao mesmo tempo a todas as análises uma forma abstrata, escolhida deliberadamente. A presente obra pretende escapar a esta abstração da descrição pura ao reintroduzir aquilo que está entre parênteses. Pois bem, escapar à abstração da descrição pura não é simplesmente perceber as consequências ou aplicar as conclusões de tal descrição pura, pois

(*) Paul Ricœur, *Le volontaire et l'involontaire* (Paris: Aubier, 1950). [*N. dos T.*]

(**) Ricœur, *ibid.*, pp. 23-31. [*N. dos T.*]

implica desvelar uma temática nova que exige novas hipóteses de trabalho e um novo método de abordagem.

Na introdução do primeiro volume, a natureza desta nova temática e desta nova metodologia foi apenas muito sucintamente indicada. Entrevia-se nessa altura a ligação entre duas ideias orientadoras: de acordo com a primeira, a nova descrição não podia ser senão uma *empírica da vontade*, procedendo por convergência de indícios concretos, e não uma eidética – isto é, uma descrição essencial –, dado o carácter opaco e absurdo da falta [*faute*]; a falta, dizíamos, não é um traço da ontologia fundamental homogéneo em relação aos outros fatores que a descrição pura descobre: motivos, poderes, condições e limites; ela continua a ser um corpo estranho na eidética do homem. De acordo com a segunda ideia orientadora, a passagem da inocência à culpa [*faute*] não é acessível a nenhuma descrição, nem sequer à descrição empírica, sendo-o apenas a uma *mítica concreta*. A ideia de aceder à empírica da vontade por meio de uma mítica concreta estava por isso já formada nessa altura, mas não eram na altura percetíveis as razões desse desvio. Com efeito, por que motivo não será possível falar-se das «paixões» que afetam a vontade a não ser na linguagem cifrada de uma mítica? Como introduzir esta mítica na reflexão filosófica? Como retomar o discurso filosófico após tê-lo interrompido com o mito? Foram estas questões de método que dominaram a elaboração desta obra.

Este projeto de ligar uma empírica da vontade a uma mítica clarificou-se e enriqueceu-se em três direções. Em primeiro lugar, tornou-se evidente que os *mitos* de queda, de caos, de exílio, de cegueira divina, diretamente acessíveis a uma história comparada das religiões, não podiam inserir-se em estado bruto no discurso filosófico mas deviam ser previamente recolocados no seu próprio universo do discurso. Foi à reconstituição deste universo do discurso que múltiplos estudos preparatórios foram consagrados.(1) Pareceu então óbvio que os mitos não podiam ser compreendidos a não ser como elaborações secundárias que remetem para uma

(1) Um deles foi publicado com o título «Culpabilité tragique et culpabilité biblique», *Revue d'histoire et de philosophie religieuses*, 33/4 (1953): 285-307. [Nota dos tradutores: este texto encontra-se disponível on-line na página do Fonds Ricœur: http://www.fondsricoeur.fr/uploads/medias/articles_pr/culpabilite-biblique-et-culpabilite-tragique.pdf]

linguagem mais fundamental que designo por linguagem da confissão. É essa linguagem da confissão que fala ao filósofo da culpa [*faute*] e do mal. Ora, o que essa linguagem da confissão tem de notável é o facto de ser inteiramente *simbólica*; não fala da mancha, do pecado, da culpabilidade em termos diretos e literais, mas em termos indiretos e figurados. Compreender essa linguagem da confissão é pôr em prática uma exegese do símbolo que exige regras de descodificação, ou seja, uma hermenêutica. Foi deste modo que a ideia inicial de uma *mítica* da vontade malvada se estendeu às dimensões de uma *simbólica do mal*, no seio da qual os símbolos mais especulativos – como a matéria, o corpo, o pecado original – remetem para os símbolos míticos – como a luta entre as forças da ordem e as forças do caos, o exílio da alma num corpo estranho, a cegueira do homem às mãos de uma divindade hostil, a queda de Adão – e estes para os símbolos primários da mancha, do pecado e da culpabilidade.

É a exegese destes símbolos que prepara a *inserção* dos mitos no conhecimento que o homem tem de si mesmo. Uma simbólica do mal começa, assim, por aproximar os mitos do discurso filosófico. Esta simbólica do mal ocupa a parte intermédia do presente trabalho(*). Os problemas de linguagem assumem nela um lugar importante. De facto, a especificidade da linguagem da confissão revelou-se progressivamente como um dos enigmas mais impressionantes da consciência de si; como se o homem só acedesse à sua própria profundidade pelo caminho privilegiado da analogia, e como se a consciência de si apenas fosse capaz de se exprimir, afinal, como enigma, e requeresse a título essencial, e não meramente acidental, uma hermenêutica.

Ao mesmo tempo que a meditação sobre a mítica da vontade má se desenvolvia *numa simbólica do mal*, a reflexão lançava-se numa outra direção: qual será, perguntava-se, o «lugar» humano do mal,

(*) Recordemos que Ricœur projetava publicar um terceiro volume da *Filosofia da Vontade*, dedicado a uma poética da vontade, mas que esse livro não chegou a ser escrito. Nesta passagem, quando menciona a parte intermédia do trabalho desenvolvido e a ela se refere como sendo a *Simbólica do Mal*, é de notar que está a tomar este *O Homem Falível* e a *Simbólica do Mal* como um só bloco. Veja-se, por conseguinte, além do presente livro, *A Simbólica do Mal*, *op. cit.* Quando, no seguimento deste parágrafo, fala do «esboço de antropologia filosófica», está a referir-se especificamente a *O Homem Falível*. [*N. dos T.*]

o seu ponto de inserção na realidade humana? Foi para responder a esta questão que se escreveu o esboço de antropologia filosófica desta obra; este estudo centrou-se no tema da falibilidade, isto é, da fraqueza constitutiva que faz com que o mal seja possível. Através do conceito de falibilidade, a antropologia filosófica vem, de certa maneira, ao encontro da simbólica do mal, do mesmo modo que a simbólica do mal se aproxima dos mitos do discurso filosófico. Pelo conceito de falibilidade, a doutrina do homem aproxima-se de um limiar de inteligibilidade a partir do qual se torna compreensível que, através do homem, o mal tenha podido «entrar no mundo». Para lá desse limiar começa o enigma de um surgimento sobre o qual o único discurso que se pode ter é indireto e cifrado.

Assim como a simbólica do mal representava um alargamento da mítica proposta por *Le volontaire et l'involontaire*(2), a teoria da falibilidade representa um alargamento da perspetiva antropológica do primeiro livro, o qual se tinha centrado mais estritamente na estrutura da vontade. A elaboração do conceito de falibilidade revelou ser a ocasião para uma investigação muito mais extensa das estruturas da realidade humana; a dualidade entre o voluntário e o involuntário(3) é reenquadrada numa dialética muito mais vasta, dominada pelas ideias de desproporção, de polaridade entre o finito e o infinito e de intermediário ou de mediação. Foi, enfim, nesta estrutura de mediação entre o polo de finitude e o polo de

---

(2) Foram publicados dois esboços desta antropologia filosófica: «Négativité et affirmation originaire», in *Aspects de la dialectique*, Recherches de Philosophie, II (Paris: Desclée de Brouwer, 1956), pp. 101-124, e «Le sentiment», in *Edmund Husserl 1859-1959, Recueil commémoratif* (Phaenomenologica 4) (Haia: Martinus Nijhoff, 1959), pp. 260-274. Nota dos tradutores: estes dois capítulos foram posteriormente republicados em recolhas de textos, sendo por isso mais facilmente acessíveis. Veja-se «Négativité et affirmation originaire», in *Histoire et vérité* (Paris: Seuil, 1967), pp. 378-405 – tradução portuguesa: *História e Verdade* (Rio de Janeiro: Forense, 1968); e também «Le sentiment», *A l'école de la phénoménologie* (Paris: Vrin, 1986), pp. 315-331. Tradução portuguesa: *Na Escola da Fenomenologia* (Petrópolis: Vozes, 2010).

(3) Veja-se «L'unité du volontaire et de l'involontaire comme idée-limite», *Bulletin de la Société Française de Philosophie*, 45,1 (janeiro-março de 1951): 3-22. «Méthodes et tâches d'une phénoménologie de la volonté», in *Problèmes actuels de la phénoménologie*, ed. H. L. Van Breda (Paris: Desclée de Brouwer, 1952), pp. 110-140. [Nota dos tradutores: também este texto foi republicado em *À l'école de la phénoménologie*, *op. cit.*, pp. 65-92].

infinidade do homem que se procurou a fraqueza específica do homem e a sua falibilidade essencial.

Enquanto dávamos um início a este livro, fazendo preceder a simbólica do mal de uma elucidação do conceito de falibilidade, encontrávamo-nos perante a dificuldade de inserir a simbólica do mal no discurso filosófico. Esse discurso filosófico, que, no final de *O Homem Falível*, nos orienta para a ideia da possibilidade do mal ou falibilidade, recebe da simbólica do mal um novo impulso e um enriquecimento considerável, mas à custa de uma revolução de método representada pelo recurso a uma hermenêutica, isto é, a regras de decifração aplicadas a um mundo de símbolos. Ora, esta hermenêutica não é homogénea em relação ao pensamento reflexivo que conduziu até ao conceito de falibilidade. Esboçaram-se as regras de transposição da simbólica do mal para um novo tipo de discurso filosófico no último capítulo de *A Simbólica do Mal*, com o título: «O símbolo dá que pensar» (*); esse texto é o eixo de todo o trabalho. Ele mostra como é possível respeitar a especificidade do mundo simbólico da expressão e, simultaneamente, pensar não «atrás» do símbolo, mas «a partir» do símbolo.

A terceira parte, que será publicada num volume ulterior, é inteiramente dedicada a este pensamento a partir do símbolo. Ela própria desenvolve-se em múltiplos registos, em particular no das ciências humanas e no do pensamento especulativo. Atualmente, já não é possível conter uma empírica da vontade serva nos limites de um *Tratado das paixões* à maneira tomista, cartesiana ou espinosista. Por um lado, é inevitável que uma reflexão sobre a culpabilidade, que, ademais, faz jus aos modos simbólicos de expressão, encontre a psicanálise para se deixar instruir por ela e, ao mesmo tempo, debater com ela a sua própria inteligibilidade e os seus limites de validade (4). A nossa tentativa de prolongar a simbólica do mal numa empírica da vontade também não se pode manter alheada da evolução da criminologia e das conceções contemporâneas do

---

(*) Veja-se *A Simbólica do Mal*, *op. cit.*, pp. 365-375. [*N. dos T.*]

(4) A recensão dos livros de Angelo Hesnard, *L'Univers morbide de la Faute* (Paris: PUF, 1949) e *Morale sans péché* (Paris: PUF, 1954), deram-nos a oportunidade de esboçar este confronto numa época em que eu ainda não vislumbrava todas as implicações da simbólica do mal: «"Morale sans péché" ou péché sans moralisme», *Esprit* 22, 8/9 (agosto-setembro de 1954): 249-312.

direito penal. E o mesmo se aplica à filosofia política, que não pode permanecer longe das nossas preocupações. Quando se assistiu e se participou na história aterradora que culminou nas hecatombes dos campos de concentração, no terror dos regimes totalitários e no perigo nuclear, torna-se impossível duvidar de que a problemática do mal passa igualmente pela problemática do poder([5]), e que o tema da *alienação*, que se estende de Rousseau a Marx, passando por Hegel, não tenha algo que ver com a acusação dos velhos profetas de Israel.

Mas se um pensamento a partir dos símbolos não pode deixar de se desenvolver do lado das ciências humanas, da psicanálise, da criminologia e da ciência política, tem também de se concentrar na dificuldade fundamental de encontrar um equivalente especulativo para os temas míticos da queda, do exílio, do caos e da cegueira trágica. Esta investigação passa inevitavelmente por uma crítica dos conceitos de pecado original, de matéria má, de nada, e desemboca numa elaboração de cifras especulativas suscetíveis de coordenar a ontologia fundamental da realidade humana com a descrição do mal como não-ser específico e como posição poderosa; o enigma do servo-arbítrio, isto é, de um *livre arbítrio que se amarra e se encontra sempre já amarrado*, constitui o derradeiro tema que o símbolo dá que pensar. Finalmente, do ponto de vista do método, a questão mais difícil desta obra é a de se saber até que ponto uma tal cifra especulativa da vontade má é ainda suscetível de ser «*pensada*».

*

*   *

Esta alusão ao tema do servo-arbítrio faz entrever o quão ligados estão os problemas de método que acabámos de percorrer a problemas de doutrina, a uma hipótese de trabalho e a uma problemática filosófica. Para designar esta problemática, teria sido possível escolher como subtítulo para este livro: *Grandeza e limite de uma visão ética do mundo*. De facto, por um lado, é claramente

---

([5]) Este tema foi esboçado em «Le paradoxe politique», *Esprit* 25/5 (maio de 1957): 721-745. Nota dos tradutores: também este texto foi republicado em *Histoire et vérité*, *op. cit.*, pp. 294-321.

para uma visão ética do mundo, no sentido hegeliano do termo, que parece tender esta *retoma* [*reprise*] (*) da simbólica do mal pela reflexão filosófica; mas, por outro, quanto mais claramente se distinguem as exigências e as implicações desta visão ética do mundo, mais inelutável se torna a impossibilidade de cobrir toda a problemática do homem e do *próprio mal* através de uma visão ética do mundo.

O que é que se entende aqui por uma visão ética do mundo? Se se considerar o problema do mal como pedra de toque da definição, é possível entender por visão ética do mundo o esforço para compreender sempre de forma mais estreita a liberdade e o mal, um através do outro. A grandeza da visão ética do mundo consiste em ir tão longe quanto possível nesta direção.

Tentar compreender o mal pela liberdade é uma decisão séria; representa a decisão de entrar no problema do mal pela porta estreita, considerando desde o início o mal como sendo «humano, demasiado humano». É preciso ainda entender claramente o sentido desta decisão, a fim de não se lhe negar prematuramente a legitimidade. Não é de forma alguma uma decisão sobre a origem radical do mal, mas apenas a descrição do lugar onde o mal aparece e de onde pode ser visto. É muito possível, de facto, que o homem não seja a origem do mal, que não seja o malvado absoluto; mas mesmo se o mal fosse contemporâneo da origem radical das coisas, não seria menos verdade que só a maneira como ele *afeta* a existência humana o torna manifesto. A decisão de entrar no problema do mal pela porta estreita da realidade humana expressa, assim, apenas a escolha de um centro de perspetiva: mesmo que o mal viesse ao homem a partir de outro núcleo que o contaminasse, este outro núcleo não nos estaria acessível

(*) Ao utilizar aqui o termo *reprise* e remetê-lo para um contexto hegeliano, Ricœur alude implicitamente à operação hegeliana da *Aufhebung*, a qual implica a manutenção daquilo que se suprime, e que é retomado a um nível diferente. Existem múltiplas possibilidades de tradução desta expressão, sendo talvez mais usual a noção de *superação* ou mesmo a possibilidade tecnicamente mais complexa de *sobressunção*. Neste contexto, o uso de *reprise* pode igualmente remeter para a noção weiliana de *reprise* (a qual representa, para o pensamento weiliano, *mutatis mutandis*, uma operação próxima da *Aufhebung* hegeliana) sendo certo que Ricœur, nesta época, meditou longamente e foi certamente influenciado pela filosofia pós-hegeliana de Eric Weil. [*N. dos T.*]

a não ser pela sua relação connosco, pelo estado de tentação, de extravio, de cegueira pelo qual seríamos *afetados*. A humanidade do homem é, em todo o caso, o espaço de manifestação do mal.

Objetar-se-á que a escolha desta perspetiva é arbitrária, e que é, no sentido forte do termo, um preconceito. Nada disso. A decisão de abordar o mal pelo lado do homem e da sua liberdade não é uma escolha arbitrária mas apropriada à própria natureza do problema. Com efeito, o espaço de manifestação do mal só aparece se for reconhecido, e só é reconhecido se for adotado por escolha deliberada. Esta decisão de compreender o mal pela liberdade é ela própria um movimento da liberdade que assume o mal; a escolha do centro de perspetiva é já a declaração de uma liberdade que se reconhece responsável, que jura considerar o mal como mal cometido e que confessa que dependia dela que ele não existisse. É esta *confissão* que liga o mal ao homem, não somente como o seu lugar de manifestação, mas como o seu autor. E é este ato de assumir que cria o problema; não chegamos a ele, partimos dele. Mesmo que a liberdade fosse a autora do mal sem ser a sua origem radical, a confissão colocaria o problema do mal na esfera da liberdade. Porque mesmo que o homem fosse apenas responsável pelo mal por abandono, ou por uma espécie de participação retrospetiva numa fonte de mal mais radical do que a sua liberdade, isso representaria ainda a confissão da sua responsabilidade, a qual lhe permitiria tocar os confins desta origem radical.

Foi com Kant e o seu *Ensaio sobre o Mal Radical* que esta visão alcançou a sua primeira maturação. O formalismo moral, apresentando uma única máxima da vontade boa, apresenta de igual modo uma única máxima da vontade má. Através do formalismo, o mal tende a reduzir-se a uma máxima do livre arbítrio; é isso a própria essência da visão ética do mal.

Mas a grandeza desta visão ética só se completa quando, inversamente, se compreende o benefício dela para a compreensão da própria liberdade; uma liberdade que assume a responsabilidade pelo mal é uma liberdade que acede a uma compreensão de si mesma singularmente carregada de sentido. Antes de deixar vislumbrar as riquezas desta meditação, recíproca da precedente, quero afirmar a minha dívida para com a obra de Jean Nabert: foi nela que encontrei o modelo de uma reflexão que não se limita a esclarecer o problema do mal a partir da doutrina da liberdade, mas que, em compensação, não deixa de alargar e aprofundar a doutrina da liberdade, dada a pressão desse mal que, no entanto, ela retomou em si mesma. Já em *Éléments pour une éthique*(*) a reflexão sobre a falta [*faute*] era incorporada numa abordagem orientada para a tomada de consciência da «afirmação originária» que me constitui para lá de todas as minhas escolhas e de todos os meus atos singulares. Verificava-se então que a confissão da culpa [*faute*] era, em simultâneo, descoberta da liberdade.

Com efeito, na consciência da culpa [*faute*] aparece em primeiro lugar a unidade profunda dos dois «êxtases» temporais do passado e do futuro; o impulso para a frente do projeto é carregado de retrospecção. Em contrapartida, a contemplação dolorosa do passado no remorso é incorporada na certeza da regeneração possível; o projeto, enriquecido de memória, ressurge como arrependimento. Assim, na consciência de culpa [*faute*], o futuro pretende mobilizar o passado, a tomada de consciência revela-se como retoma [*reprise*], e a consciência mostra uma espessura, uma densidade que não seriam reconhecidas por meio de uma reflexão que só estivesse atenta ao impulso para a frente do projeto.

Reunindo, todavia, os êxtases temporais do passado e do futuro num todo no seio da liberdade, a consciência de culpa [*faute*] revela também a causalidade total e simples do eu para lá dos seus atos singulares. A consciência de culpa [*faute*] mostra-me a minha causalidade de certo modo contraída, limitada, num ato que é testemunha de todo o meu eu; em contrapartida, o ato que gostaria de não ter cometido denuncia uma causalidade má que se torna ilimitada por trás de qualquer ato determinado. Enquanto, para uma reflexão que só atente no projeto, esta causalidade se converte e dissipa numa invenção descontínua de mim mesmo, na retrospeção do arrependimento eu enraízo os meus atos na causalidade simples do eu. É certo que não temos acesso a esse eu fora dos seus atos definidos, mas a consciência de culpa [*faute*] faz surgir neles, e para lá deles, a exigência de integralidade que nos constitui. Assim, ela é um recurso ao eu originário para lá dos seus atos.

(*) Jean Nabert, *Éléments pour une éthique* (Paris: PUF, 1943). [*N. dos T.*]

Finalmente, ao descobrir através da falta [*faute*] um afastamento entre a exigência mais profunda que todo o dever e os atos que não estão à sua altura, Nabert distinguia na consciência de culpa uma obscura experiência de não-ser. Ia inclusive ao ponto de fazer disso uma espécie de participação retrospetiva: um ato qualquer do eu, dizia, «não cria por si só todo o não-ser que está na falta: determina-o e fá-lo seu. O não-ser da falta comunica com um não-ser essencial que atravessa as ações do eu individual sem lhes atenuar o gravidade que têm para a consciência» ([6]). É esta participação retrospetiva que deve encontrar, atravessar e superar uma reflexão que pretende desvendar até aquilo que Nabert designou como «a afirmação originária».

No âmbito de uma visão ética, portanto, não é apenas verdade que a liberdade constitui a razão do mal. A confissão do mal é igualmente a condição da consciência da liberdade. Na verdade, é nesta confissão que pode ser surpreendida a articulação fina entre o passado e o futuro, entre o eu e os atos, entre o não-ser e a ação pura no próprio seio da liberdade. Tal é a grandeza de uma visão ética do mundo.

Mas será que uma visão ética pode justificar o mal *sem deixar nenhum resto*? É esta a questão que subjaz constantemente ao último trabalho de Nabert, o *Essai sur le mal*([*]). Se o mal é «o injustificável», poderá ele ser integralmente retomado na confissão que a liberdade dele faz? Encontro esta dificuldade por uma outra via, a da *simbólica do mal*. O enigma principal desta simbólica reside no facto de o mundo dos mitos ser já ele próprio um mundo fragmentado. O mito da queda, que é a matriz de todas as especulações ulteriores relativamente à origem do mal na liberdade humana, não é o único mito; deixa fora de si a fértil mítica do caos, da cegueira trágica, da alma exilada. Mesmo se o filósofo apostar na superioridade do mito da queda em virtude da sua afinidade com a confissão que a liberdade faz da sua responsabilidade, mesmo se essa aposta permitir reagrupar todos os outros mitos em função do mito da queda tomado como ponto de referência, continua a ser verdade que o mito da queda não consegue aboli-los ou reduzi-los. Mais ainda, a exegese do mito da queda revela diretamente esta tensão entre duas significações: em primeiro lugar, o mal entra

---

([6]) Nabert, *Éléments pour une éthique*, *op. cit.*, p. 16.

([*]) Nabert, *Essai sur le mal* (Paris: PUF, 1955). [*N. dos T.*]

no mundo na medida em que o homem o põe [*le pose*] (*), mas o homem só o *põe* porque *cede* à investida do Adversário. O limite de uma visão ética do mal e do mundo encontra-se já expresso nesta estrutura ambígua do mito da queda: pondo o mal, a liberdade é vítima de um Outro. Será tarefa da reflexão filosófica *retomar* as sugestões desta simbólica do mal, prolongá-las em todos os registos da consciência do homem, desde as ciências humanas até à especulação sobre o servo-arbítrio. Se «o símbolo dá que pensar», o que a simbólica do mal dá que pensar diz respeito à grandeza e ao limite de qualquer visão ética do mundo, porquanto o homem que esta simbólica revela não parece menos vítima do que culpado.

(*) A expressão utilizada por Ricœur, que recorre ao verbo *poser*, se traduzida literalmente, não deixará porventura de causar alguma estranheza aos leitores menos familiarizados com este tipo de vocabulário que, de alguma forma, é mais técnico do que o usual. A forma como Ricœur faz uso deste verbo, e do substantivo *position* (posição), é reminiscente do carácter tético, intencional, que é dado a estes termos na tradição fenomenológica, que remete para a noção de «ato posicional» e que tem relação com a crença na existência do objeto visado. Adicionalmente, ao longo de *O Homem Falível* e de *A Simbólica do Mal*, Ricœur aborda a questão da *posição*, e sobretudo da posição do mal nas suas diversas formas, na relação entre a falibilidade, a falta e a origem do mal. O uso filosófico de *poser*, com raízes no latim *ponere* (invocado por Ricœur na conclusão deste livro) e traduções próximas no inglês *to posit* e no alemão *setzen*, cobre um campo semântico que vai, por conseguinte, da afirmação de algo ao postulado da sua existência, e que porventura qualquer uma destas expressões noutras línguas identifica melhor do que o *pôr* consegue fazer no contexto da língua portuguesa. Como, no entanto, o uso generalizado de qualquer outra alternativa, como *afirmar*, ou *postular* resultaria provavelmente numa redução ainda maior do significado que está aqui a ser atribuído, optámos, a maior parte das vezes, pela tradução literal. [*N. dos T.*]

PRIMEIRO CAPÍTULO

O patético da «miséria» e a reflexão pura

1. A hipótese de trabalho

A primeira parte deste trabalho é consagrada ao *conceito de falibilidade*. Ao assumir que a falibilidade é um conceito, pressuponho de antemão que a reflexão pura, isto é, uma maneira de compreender e de se compreender que não opera através de imagens, símbolos ou mitos, pode atingir um certo limiar de inteligibilidade no qual a possibilidade do mal aparece inscrita na constituição mais íntima da realidade humana. A ideia de que o homem é constitutivamente frágil, ou seja, que pode falhar, esta ideia é, segundo a nossa hipótese de trabalho, inteiramente acessível à reflexão pura; ela indica uma característica do ser do homem. Como afirma Descartes, no início da IV Meditação, este ser é de tal ordem que «me encontro exposto a uma infinidade de carências [*manquements*], de maneira que não é de admirar muito que me engane»(*). Aquilo que o conceito de falibilidade

(*) Descartes, *Meditações sobre a Filosofia Primeira*, introdução, tradução e notas de Gustavo de Fraga (Coimbra: Almedina, 1967), p. 167 (tradução modificada). Na tradução de Gustavo de Fraga, o texto de Descartes aparece vertido como «(...) me falta um grande número de coisas, não é admirar muito que me engane». Esta tradução é consistente com a versão latina original das *Meditações*. No entanto, Ricœur cita uma versão francesa que verte o latim

pretende trazer à compreensão é, então, a forma como o homem se «encontra exposto» a falhar.

Mas como revelar esta ideia da falibilidade do homem? Teríamos de ser capazes de elaborar uma série de abordagens que, embora parciais, apreenderiam de cada vez um carácter global da realidade (ou da condição) humana, na qual se inscreveria esta característica ontológica. A minha segunda hipótese de trabalho, que desta feita diz respeito à substância e já não apenas ao estilo de racionalidade da investigação, afirma que esse carácter global consiste numa certa não-coincidência do homem consigo mesmo; essa «desproporção» entre si e si-mesmo representaria a *ratio* [razão] da falibilidade. «Não é de admirar» que o mal tenha entrado no mundo com o homem: porque ele é a única realidade que apresenta esta constituição ontológica instável de ser maior e mais pequeno do que ele próprio.

Avancemos um pouco mais na elaboração desta hipótese de trabalho. Procuramos a falibilidade na desproporção; mas onde procuramos nós a desproporção? É aqui que nos é proposto o paradoxo cartesiano do homem finito-infinito. Diga-se de antemão que a ligação que Descartes estabelece entre esse paradoxo e uma psicologia das faculdades é bastante enganadora; não só já não nos é possível conservar, pelo menos na sua forma cartesiana, esta distinção entre um entendimento finito e uma vontade infinita, como é preciso renunciar à ideia de ligar o finito a uma faculdade ou função e o infinito a uma outra faculdade ou função. Além disso, o próprio Descartes, no início da IV Meditação, prepara o terreno para uma apreensão mais ampla e mais radical do paradoxo do homem quando a sua visão abrange a dialética entre o ser e o nada subjacente ao jogo das próprias faculdades:

---

como *manquements*, sendo que o *manquement* pode ser traduzido como *falta*, *falha*, ou, na opção que tomámos aqui, *carência*. Aqui, e ao contrário da noção de *faute*, que remete para uma falta que é cometida e pela qual se pode ter culpa, o *manquement* indica mais claramente a noção de algo do qual careço, que *está em falta* (e que constitui, por isso, uma falha, ou uma pecha). Era por isso imprescindível, no contexto da economia explicativa desta passagem, modificar a tradução de Fraga, que de resto seguimos, substantivando aquilo que está em falta e que leva alguém a falhar ou a errar. Mas, para evitar traduzir *manquement* recorrendo ao mesmo termo português que aparece noutros casos (como *falta* para traduzir *faute*, ou *falha* para *faille*), utilizamos aqui *carência* para verter o *manquement*. [*N. dos T.*]

«E assim, em resumo, quando penso apenas em Deus e me volto inteiramente para ele, não descubro nenhuma causa de erro ou falsidade, mas, logo a seguir, dirigindo a atenção para mim próprio, verifico, no entanto, que estou sujeito a inúmeros erros. Inquirindo a causa deles, noto que não se me apresenta apenas a ideia real e positiva de Deus, ou seja, de um ente sumamente perfeito, real e positivo, mas também, por assim dizer, uma certa ideia negativa do nada, ou seja, daquilo que é sumamente afastado de toda a perfeição. Noto ainda que estou de tal modo situado como um meio entre Deus e o nada, isto é, entre o ente supremo e o não ente que, enquanto fui criado pelo ente supremo, não há em mim nada por meio de que me engane ou seja conduzido ao erro. Mas, enquanto também participo de certo modo do nada, ou do não ente, enquanto não sou o próprio ente supremo e me encontro exposto a uma infinidade de carências [*manquements*], de maneira que não é de admirar muito que me engane.» (*)

Que não estamos em condições de abordar diretamente esta característica ontológica do homem, tal não oferece qualquer dúvida; porque a ideia de *intermediário* implicada na de desproporção é também ela muito enganadora. Dizer que o homem está situado entre o ser e o nada é tratar desde logo a realidade humana como uma região, como um lugar ontológico, alojado *entre* outros locais. Ora, esse esquema da intercalação é bastante enganador: convida a que se trate o homem como um objeto cujo lugar se assinalaria relativamente a outras realidades mais ou menos complexas do que ele, mais ou menos inteligentes, mais ou menos independentes do que ele. O homem não é intermediário porque está entre o anjo e a besta. Ele é intermediário em si-mesmo, entre si e si-mesmo (**); é intermediário porque é misto, e é misto

(*) Descartes, *Meditações Sobre a Filosofia Primeira, op. cit.*, p. 167. [Nota dos tradutores: tradução modificada; veja-se a nota anterior].

(**) A expressão utilizada por Ricœur é difícil de traduzir em português sem criar algumas expressões de efeito algo bizarro. Neste caso, diz o francês «c'est en lui-même, de soi à soi qu'il est intermédiaire», noutros casos fala, por exemplo, da «disproportion de soi à soi»; ora, este desdobramento da ipseidade que, por sua vez, remete para uma identidade reflexiva e que, segundo Ricœur, requer uma tradução, exige uma tradução na terceira pessoa (nunca poderia ser o *eu*) que é facilitada em inglês (língua na qual se substantiva o

porque opera mediações. A sua característica ontológica de ser-intermediário consiste justamente no facto de o seu ato de existir ser o próprio ato de operar mediações entre todas as modalidades e todos os níveis de realidade fora dele e em si-mesmo. É por isso que não explicaremos Descartes através de Descartes, mas através de Kant, Hegel e Husserl: o carácter intermediário do homem não pode ser descoberto senão mediante o desvio pela síntese transcendental da imaginação ou pela dialética entre a intenção e a intuição, a significação e a presença, o Verbo e o Olhar. Para o homem, em suma, ser intermediário é fazer mediação.

Façamos o ponto da situação antes de introduzir elementos novos na nossa hipótese de trabalho: quando nos permitimos começar pelo tema cartesiano do homem finito-infinito – ainda que o reinterpretemos por completo – afastamo-nos um pouco da tendência contemporânea que faz da finitude a característica global da realidade humana. Não há certamente nenhum filósofo da finitude que tenha um conceito simples e não dialético da finitude; todos falam num sentido ou noutro da transcendência do homem. Pelo contrário, Descartes, após ter anunciado uma ontologia do finito-infinito, continua a chamar finito ao ser-criado do homem relativamente à infinidade divina. De igual forma, seria ilegítimo exagerar a diferença entre filosofia da finitude e uma filosofia que parte simplesmente do paradoxo do homem finito-infinito. No entanto, mesmo se reduzida a uma diferença de ênfase ou de tom, essa diferença não é insignificante. A questão consiste em saber se esta transcendência é somente uma transcendência *da* finitude ou se o inverso não é igualmente importante: como se verá, o homem não nos parecerá menos discurso do que perspetiva, exigência de totalidade do que carácter limitado, amor do que desejo. A leitura do paradoxo a partir da finitude não nos parece ter nenhum privilégio sobre a leitura inversa, segundo a qual o homem é infinidade, e a finitude, um indício *restritivo* dessa infinidade, tal como a infinidade é o indício de *transcendência* da finitude. O homem não está menos destinado à racionalidade

---

self) mas menos evidente em português; recorremos, portanto, em geral, às expressões «em si-mesmo» ou «entre si e si-mesmo», (ou ainda, por vezes, no caso de «de l'homme avec lui-même» a «do homem consigo mesmo»), para tentar verter em português, da forma possível, esta falha interior e a função de intermediação que Ricœur identifica. [*N. dos T.*]

ilimitada, à totalidade e à beatitude do que limitado a uma perspetiva, abandonado à morte e preso ao desejo. A nossa hipótese de trabalho relativamente ao paradoxo finito-infinito implica que se deva falar de infinidade tanto quanto de finitude humana. O pleno reconhecimento desta polaridade é essencial para a elaboração dos conceitos de intermediário, de desproporção e de falibilidade, cujo encadeamento mostrámos recuando do último ao primeiro destes conceitos.

Mas a nossa hipótese de trabalho não está ainda suficientemente elaborada: ela fornece uma direção à pesquisa, mas ainda não um programa de investigação. De facto, como começar? Como determinar o ponto de partida numa antropologia filosófica colocada sob a ideia orientadora da falibilidade? Sabemos apenas que não é possível partir de um termo simples mas do próprio composto, da relação finito-infinito. É, portanto, do todo do homem que devemos partir, ou seja, da visão global da sua não-coincidência consigo mesmo, da sua desproporção, da mediação que opera ao existir. Mas de que modo é que esta visão global não excluiria todo o progresso, toda a ordem de razões? Resta dizer que o progresso e a ordem se fazem entre uma série de pontos de vista ou de abordagens que são sempre pontos de vista e abordagens da totalidade.

Ora, se o progresso do pensamento, numa antropologia filosófica, nunca consiste em passar do simples para o complexo, mas ocorre sempre no interior da própria totalidade, isso não pode representar senão um progresso na *elucidação* filosófica da visão global. É preciso, por isso, que essa totalidade esteja em primeiro lugar dada de alguma forma antes da filosofia, numa pré-compreensão que se preste à reflexão; é necessário, pois, que a filosofia proceda mediante a elucidação secundária de uma nebulosa de sentido que, antes disso, contém um carácter pré-filosófico. Significa isto que temos de dissociar por inteiro a ideia de método em filosofia da de ponto de partida. A filosofia não começa nada em absoluto: impulsionada pela não-filosofia, ela vive da substância daquilo que já foi compreendido sem ser refletido. Mas se a filosofia não é, quanto às fontes, um começo radical, ela pode sê-lo quanto ao método. Aproximamo-nos assim de uma hipótese de trabalho articulada por esta ideia de uma diferença de potencial entre uma pré-compreensão não filosófica e um começo metódico da elucidação.

Onde procurar, de facto, a pré-compreensão do homem falível? No *patético da «miséria»*. Esse *pathos*(*) apresenta-se como a matriz de qualquer filosofia que faça da desproporção e do intermediário a característica ôntica do homem. Mas é também necessário tomar esse *pathos* no seu mais alto ponto de perfeição. Ainda que pré-filosófico, esse *pathos* é pré-compreensão; e é-o enquanto palavra perfeita, perfeita na sua ordem e ao seu nível. Procuraremos, por conseguinte, algumas dessas belas expressões que exprimem a pré-compreensão que o homem tem de si-mesmo enquanto «miserável».

A partir daí, o problema do começo assume um sentido novo: o começo em filosofia, dizíamos, só é possível como começo na elucidação, através da qual a filosofia recomeça mais do que começa. Para aceder a esse começo metódico, será preciso, no princípio do capítulo seguinte, operar uma redução do patético e dar início a uma antropologia que seja verdadeiramente filosófica, por meio da qual uma reflexão de estilo «transcendental», isto é, uma reflexão que parta não de mim mas do objeto diante de mim, e daí remonte até às suas condições de possibilidade. Chegado o momento, dir-se-á o que caracteriza esse estilo «transcendental». Digamos por ora tão-somente o que esperamos desta decisão de procurar no poder de conhecer a desproporção mais radical do homem: exigimos-lhe um fio condutor para a exploração de todas as outras modalidades do homem intermediário; o que era mistura e miséria para a compreensão patética do homem, chamar-se-á agora «síntese» no objeto, e o problema do intermediário tornar-se-á o do «terceiro termo», que Kant designou como «imaginação transcendental», e que é alcançado reflexivamente *no* objeto. Sem esta etapa transcendental, a antropologia filosófica não sairia do patético, exceto para cair numa ontologia fantástica do ser e do nada.

(*) Optamos por deixar a transliteração do conceito grego de *pathos* exatamente como Ricœur o usa, não providenciando nenhuma tradução no corpo de texto para não o empastelar. Este é, evidentemente, um dos conceitos mais importantes do grego antigo, tendo em conta a forma como foi apropriado pela tradição posterior, e abrange um campo semântico vasto, sendo normalmente traduzido por paixão ou sofrimento. No caso desta obra ricœuriana, ele apresenta uma ligação direta com a questão da *afeção*, algo que se revela nas análises ricœurianas sobre o *thumos*, as quais aparecem abaixo, no quarto capítulo. A importância deste conceito para Ricœur explana-se aqui na noção do «patético da miséria» conforme o próximo subcapítulo atesta. [*N. dos T.*]

Com esse duplo começo, pré-filosófico e filosófico, patético e transcendental, ganhamos impulso para ir mais longe. O transcendental fornece simplesmente o primeiro momento de uma antropologia filosófica e não iguala tudo aquilo do qual o patético da miséria constitui a pré-compreensão. Todo o desenvolvimento desta filosofia da falibilidade consistirá em colmatar progressivamente este afastamento entre o patético e o transcendental, em recuperar filosoficamente toda a rica substância que não atravessa a reflexão transcendental apoiada no objeto. É por isso que tentaremos colmatar o afastamento entre a reflexão *pura* e a compreensão *total* através de uma reflexão sobre «a ação» e, em seguida, sobre o «sentimento». Mas é ainda a reflexão transcendental sobre o objeto que pode servir de guia nessas duas novas peripécias; porque é apenas recorrendo ao modelo da desproporção entre a Razão e a Sensibilidade ou, como se dirá mais exatamente, entre o Verbo e a Perspetiva, que será possível refletir sobre as novas formas que a não-coincidência do homem consigo mesmo apresenta na ordem do agir e do sentir. É também com o modelo da mediação da imaginação transcendental que se pode compreender as novas formas que a função intermediária ou mediadora assume na ordem prática e afetiva.

Parece deste modo razoável tentar uma recuperação progressiva na reflexão pura do patético inicial da «miséria». Todo o movimento deste livro consiste num esforço de alargamento gradual da reflexão a partir de uma posição inicial de estilo transcendental; no limite, a reflexão pura, transformada em compreensão total, igualaria o patético da miséria.

Mas esse limite nunca é alcançado; porque existe na pré-compreensão que o homem tem de si-mesmo uma riqueza de sentido que não pode ser igualada pela reflexão. É esse excesso de sentido que nos forçará a tentar, no livro seguinte(*), uma abordagem completamente distinta: já não a da reflexão pura, mas a da exegese dos símbolos fundamentais nos quais o homem faz a confissão da servidão do seu livre-arbítrio.

Este primeiro livro levará o estilo reflexivo até ao seu ponto extremo: da desproporção do conhecer à do agir e desta à do sentir. Neste limite de dilatação da reflexão será possível experienciar o teor do conceito de falibilidade: é ele, na verdade, que

(*) Isto é, em *A Simbólica do Mal* [*N. dos T.*].

constitui a ideia reguladora desse movimento de pensamento que tenta igualar o rigor da reflexão à riqueza da compreensão patética da miséria.

2. O patético da «miséria»

Por duas vezes, com Platão e com Pascal, se manifestou esta meditação patética nas margens da filosofia e como que no limiar de uma reflexão que a retomaria com rigor e verdade: do mito platónico da alma como mistura, passando pela bela retórica pascaliana dos dois Infinitos e até ao *Conceito de Angústia*(*) de Kierkegaard, um certo progresso pode ser identificado como sendo ao mesmo tempo um progresso no patético e na pré-compreensão da «miséria»; mas este progresso faz-se no próprio interior das imagens, das figuras, dos símbolos, através dos quais esse *pathos* acede ao *muthos*, isto é, acede já ao discurso.

A pré-compreensão da «miséria» está já inteiramente nos mitos de *O Banquete*(**), do *Fedro*(***), de *A República*(****). O mito é a miséria da filosofia; mas a filosofia, quando quer falar, não da Ideia que existe e que serve de medida a todo o ser, mas do homem, é filosofia da «miséria». Na verdade, é a própria situação da alma que é miserável. Na medida em que é, por excelência, o ser do meio, ela não é a Ideia: quando muito é «da raça das Ideias», e aquilo que de «mais próximo» existe da Ideia. Mas também não é coisa perecível: é o seu corpo que «mais se assemelha» ao corruptível. Ela é sobretudo o próprio movimento do sensível para o inteligível; ela é *anábase*, a elevação para o ser. A sua miséria revela-se no facto de, acima de tudo, ela se encontrar numa posição de embaraço e de procura (ἀπορεῖν καί ζητεῖν)(1). Este embaraço, esta aporia e busca que se refletem na incompletude própria dos diálogos

(*) Kierkegaard, *O Conceito de Angústia* (Petrópolis: Vozes, 2010). [*N. dos T.*]

(**) Platão, *O Banquete*, tradução de Maria Teresa Schiappa de Azevedo (Lisboa: Edições 70, 2007). [*N. dos T.*]

(***) Platão, *Fedro*, tradução de José Ribeiro Ferreira (Lisboa: Edições 70, s/d) «Coleção Grandes Filósofos». [*N. dos T.*]

(****) Platão, *A República*, tradução de Maria Helena da Rocha Pereira (Lisboa: Fundação Calouste Gulbenkian, 9.ª edição, 2001). [*N. dos T.*]

(1) Platão, *A República*, *op. cit.*, 523a-525a, pp. 329-333.

aporéticos, atestam que, quanto ao ser, a alma está em trabalho de parto; a alma opina e engana-se; ela não é visão ou, pelo menos, não é logo visão, mas antes o visar; não é, ou não imediatamente, contacto e posse, mas tendência e tensão: «mas os resultados dos cálculos (...) é dificilmente e com tempo que chegam àqueles a que chegam, através de muito trabalho e pela educação» ([2]), diz o *Teeteto* 186c.

Como *dizer* a alma e o seu regime de transição entre o que passa e o que permanece? Na impossibilidade de dizê-lo na linguagem da Ciência, isto é, no discurso imutável sobre o Ser imutável, será na linguagem da alegoria, e depois na do mito, que o filósofo o dirá.

A alegoria, a analogia bastará para dar uma imagem provisoriamente imobilizada deste devir estranho, sem lugar filosófico, ἄτοπος. Assim, o livro IV de *A República* exprime um símbolo político da alma, segundo o qual a alma é composta por três partes, tal como a Cidade é composta por três ordens: magistrados, guerreiros, trabalhadores. Esse simbolismo escapa ao mito enquanto esta imagem estática não for reposta em movimento na perspetiva do impulso para as Ideias e para o Bem, e, por conseguinte, enquanto a *génese* desta unidade múltipla não for evocada em vista da *anábase* que reconduz ao ser e ao Bem. Mas a consideração do «devir» da alma encontra-se implicitamente na imagem imobilizada: logo no início da comparação, Platão diz: «Se quiséssemos considerar na nossa imaginação a formação de uma cidade (γιγνομένην πόλιν) veríamos também a justiça e a injustiça a surgir nela?» ([*]) (369a). A Justiça mais não é do que esta forma da unidade no movimento das partes: ela consiste, no essencial, em «tornar-se una a partir do múltiplo» (ἕνα γενόμενον ἐκ πολλῶν) ([3]).

Mas o livro IV passa de imediato ao fim supostamente realizado desta síntese: se o Estado estiver bem constituído, ele é

([2]) Platão, *Teeteto*, tradução de Adriana Manuela Nogueira e Marcelo Boeri (Lisboa: Fundação Calouste Gulbenkian, 2005), 186c, p. 270.

([*]) Platão, *A República*, *op. cit.*, 369a, p. 72 [tradução modificada]. Nota dos tradutores: Maria Helena da Rocha Pereira traduz «se quiséssemos fazer um debate sobre a formação da cidade»; no entanto, Ricœur utiliza a expressão «en imagination». Na medida em que a operação da imaginação assume especial importância neste livro, importa manter aqui a proximidade com esta tradução do grego.

([3]) *Ibid.*, 443e, p. 204 [tradução modificada].

perfeitamente bom; então é sábio, corajoso, temperado, justo. É esta ordem assumida no seu estado de completude que a estrutura tripartida revela, fixando-se cada uma das virtudes numa «parte» da Cidade. Em cada uma das partes da alma reside, pois, tal como nas da Cidade, uma função. Por sua vez, o equilíbrio das três funções que constituem a estrutura da alma tem origem na norma de justiça supostamente realizada: a justiça é «o que dava a todas essas qualidade a força para se constituírem, e, uma vez constituídas, as preservava enquanto se mantivesse nelas» (4).

No entanto, se em vez de nos transportarmos pela imaginação até ao final do movimento pelo qual o Estado se constitui, visarmos a alma no seu próprio movimento para a unidade e a ordem, então a imagem torna-se difusa. Em vez de uma estrutura bem equilibrada, o que se descobre é um movimento não consumado, um sistema de tensões. Essa alteração é muito visível na sequência do livro IV, quando, abandonando a imagem da Cidade bem edificada, Platão considera as forças pelas quais «agimos», isto é, pelas quais «aprendemos», nos «irritamos» e «desejamos». A alma aparece assim como um campo de forças que sofre a dupla atração da razão, a qual é apelidada de «aquilo que ordena» (τὸ κελεῦον), e do desejo, que se caracteriza como «aquilo que impede» (τὸ κωλῦον) (5). É então que o terceiro termo – aquilo a que Platão chama θυμός – se torna enigmático: já não é uma «parte» numa estrutura estratificada, mas uma força ambígua que sofre a dupla atração da razão e do desejo: ora combate com (ξύμμαχον) o desejo do qual é a irritação e o furor; ora se coloca ao serviço da razão, da qual é a indignação e a resistência. «Cólera» ou «coragem», o θυμός, o coração, é a função instável e frágil por excelência. Esta situação ambígua do *thumos*, anuncia, numa «estática» da alma, todos os mitos do intermediário. Numa estática, o intermediário é um «meio»; está «entre» duas outras funções ou partes; numa dinâmica, vai tornar-se uma «mistura». Mas nesse caso, a alegoria que convinha ainda a uma estática remete para o mito, que é o único que pode expressar a génese do intermediário.

(4) *Ibid.*, 433b, p. 186.
(5) *Ibid.*, 439c, p. 197.

A imagem da mistura, aplicada à alma, oferece a forma dramática da narrativa ao tema mais estático da composição tripartida. É preciso, por isso, um mito para contar a génese da mistura. Será, por vezes, o mito artificial de uma liga entre materiais, amiúde o mito biológico de uma aliança, de um acasalamento entre extremidades sexuadas; a γένησις é, então, γέννησις, a génese é geração. Essa mistura, em forma de liga ou de acasalamento, é o evento ocorrido na origem das almas.

O que situa esses mitos do *Banquete* e do *Fedro* à cabeça de figuras não filosóficas ou pré-filosóficas de uma antropologia da falibilidade não é apenas a sua anterioridade histórica, é o carácter *indiferenciado* do tema da «miséria» que veiculam. A miséria é aí indiscernivelmente limitação originária e mal original. É possível ler esses grandes mitos ora como mitos de finitude, ora como mitos de culpabilidade; o mito é a nebulosa que a reflexão terá de decompor; uma reflexão mais direta sobre os mitos do mal revelará mais tarde a que fundo mítico pertence esta nebulosa composta por existência miserável e liberdade caída; ver-se-á ainda que Platão, filósofo, não confundiu o mal com a existência corporal e que existe no platonismo um mal que vem da injustiça, que é um mal específico da alma.

Se tomarmos o mito tal como ele é narrado, isto é, sem o contexto que a história das religiões pode restituir e sem a exegese que começa a decompô-lo, ele é o mito global da «miséria»; e pode dizer-se que toda a meditação volta ao tema da miséria quando restaura este carácter inextricável da limitação e do mal moral. A «miséria» é esta desgraça indivisível que era narrada pelos mitos de mistura antes que a reflexão propriamente ética a tenha convertido em «corpo» e em «injustiça».

É verdade que a sacerdotisa inspirada não fala da alma mas de Eros, semideus, demónio. Mas Eros é, ele próprio, figura da alma – ou, pelo menos, da alma que é mais alma, a do filósofo, que deseja o bem, porque não é em si mesmo o Bem. Ora, Eros carrega nele esta ferida original que é a marca da sua mãe Pénia. Eis, pois, o princípio de opacidade; para dar razão da aspiração ao ser é preciso uma origem de indigência, de pobreza ôntica; Eros, a alma filosofante, é, portanto, o híbrido por excelência, o híbrido do Rico e da Pobreza.

Descartes, e sobretudo Kant, não dizem outra coisa nos seus discursos racionais sobre a imaginação: o entendimento sem intuição é vazio, a intuição sem conceito é cega. A luz da imaginação é a sua síntese: o híbrido platónico anuncia a imaginação transcendental. Anuncia-a na medida em que envolve toda a geração do corpo e do espírito, naquilo que o *Filebo* chamará, numa linguagem menos «mítica» e mais «dialética», a «vinda à existência», a γένεσις εἰς οὐσιαν, que é igualmente «essência gerada» (*Filebo*, 26d); toda a *criação*, toda a ποίησις, é efeito de Eros: «Sabes que a ideia de criação ou *poesia* é algo de muito amplo, pois toda e qualquer passagem do não-Ser ao Ser se efectua por um acto de criar»([6]) (205b-c). Em suma, Eros é a lei de toda a *obra* que é riqueza do Sentido e pobreza da Aparência bruta. É por isso que a dialética ascendente, marcada por um amor sempre mais puro, percorre todos os níveis da obra, desde os belos corpos às belas almas, às belas ações e às belas legislações. Toda a obra nasce do desejo e todo o desejo é, simultaneamente, rico e pobre.

Mas há mais no mito do que na reflexão: há mais em potência, se houver menos em determinação e em rigor. Esta inesgotável reserva de sentido não reside apenas do lado de Poros, o qual é, muito evidentemente, mais e melhor do que o entendimento kantiano, mas também do lado de Pénia.

Toda a indigência é Pénia e existem muitas maneiras de se ser pobre: se, efetivamente, o mito do *Banquete* e o do *Fedro* se esclarecem um pelo outro, a indeterminação ou a sobredeterminação do primeiro torna-se manifesta. A indigência ôntica, representada por Pénia no *Banquete*, começa a decompor-se em dois momentos míticos que correspondem, no *Fedro*, a duas fases diferentes da narrativa. De facto, o *Fedro* encadeia, um no outro, um mito de fragilidade e um mito de decadência. A fragilidade, que precede toda a queda, é a dessas parelhas aladas que, no cortejo celeste, representam as almas humanas. Antes de toda a queda, essas almas são já compostas, e a composição contém um ponto de discordância na própria parelha: «Sendo assim, o nosso condutor, em primeiro lugar, dirige uma parelha; em seguida, dos seus cavalos, um é belo, bom e vindo de animais da mesma qualidade; mas o outro descende dos opostos deste e tem natureza contrária (ὁ δὲξ ἐναντίων

([6]) Platão, *O Banquete*, tradução de Maria Teresa Schiappa de Azevedo (Lisboa: Edições 70, 2001), 205b-c, p. 74.

τε καὶ ἐναντίος).»(7) Deste modo, antes da queda num corpo terreno, existe uma encarnação originária: neste sentido, os próprios deuses têm um corpo. Mas o das almas não divinas comporta um princípio originário de peso e de insubmissão. E o mito de falibilidade torna-se, no claro-escuro e na ambiguidade, em mito de queda; as parelhas atrapalham-se mutuamente, caem na turbulência; a Asa que permitia subir danifica-se e cai. Nesse instante, o esquecimento da Verdade obscurece a alma: daí em diante, o homem alimenta-se de opinião.

Através deste resvalar da fragilidade em vertigem e da vertigem em queda, o mito platónico anuncia a meditação kierkegaardiana, que oscilará também entre duas interpretações, uma em continuidade, a outra em descontinuidade, do nascimento do mal a partir da inocência, mas que optará, por fim, pela ideia de que o mal é surgimento, impulso, posição. Neste sentido, o mito platónico da miséria é uma nebulosa de fragilidade e de decadência, que começa a decompor-se, mas que permanece indivisível e indecisa. É a esta nebulosa que Platão chama «infortúnio», «esquecimento», «maldade».(8)

Ver-se-á mais tarde em que medida Platão vislumbrou a passagem do mito à dialética e como a *mistura* se tornou o *misto*, e depois a *justa medida*, graças a uma transposição da oposição pitagórica entre o limite e o ilimitado e com o auxílio da razão prática.

O patético pascaliano fornece-nos o segundo ponto de partida reflexivo. Os famosos fragmentos intitulados «Dois infinitos, meio»(*) ou «desproporção do homem»(9), são de uma outra ordem quer pela intenção, quer pelo tom. Esse tom não é o do mito, mas o da retórica. Em relação à escala platónica do saber, trata-se de uma exortação, de uma *apologia*, por outras palavras,

---

(7) Platão, *Fedro*, tradução José Ribeiro Ferreira (Lisboa: Edições 70, s/d), 246b, p. 239.

(8) *Ibid.*, 248c, p. 244 [tradução modificada].

(*) Pascal, *Pensamentos*, tradução de Miguel Serras Pereira (Lisboa: Relógio d'Água, 2019), fragmento [623] 38, p. 57. Ao contrário de Ricoeur, a edição portuguesa dos *Pensamentos* não segue a ordem estabelecida por Brunschvicg, mas a edição de Port-Royal. Respeitando a regra de não saturar o texto de informação, colocámos em nota de rodapé a numeração da edição Brunschvicg entre parênteses retos, em seguida a numeração da edição portuguesa e a respetiva página (no caso desta nota: [623], 38, p. 57). [*N. dos T.*]

(9) *Ibid.*, fragmento [72] 185, p. 115.

de uma opinião verdadeira [*opinion droite*]; neste sentido, o *Fédon*, que começa igualmente por uma exortação, fala até de «paramitia e de persuasão» (*Fédon*, 70b). Com efeito, é através de uma espécie de paramitia que Pascal convida a renunciar ao divertimento, a rasgar o véu de dissimulação através do qual escondemos de nós mesmos a nossa verdadeira situação. Brunschvicg viu claramente que não se devia separar esta meditação sobre o homem situado entre dois infinitos do «capítulo das potências enganadoras» ([10]), imaginação e costume, o qual conduz diretamente à crítica do divertimento. Refletir sobre o lugar do homem como ser do meio é voltar-se para si mesmo a fim de «pensar no que é ser rei e no que é ser homem» ([11]).

Esta meditação continua a ser uma *apologia*, uma *paramitia*, na medida em que assume o seu começo num esquema puramente espacial do lugar do homem entre as coisas. Esta representação inteiramente imaginativa do «lugar» do homem, intermediário entre o muito grande e o muito pequeno, tem a vantagem de tocar os homens, porque desperta um eco imediato na sensibilidade cosmológica de um século em vias de descobrir a amplitude do universo: «O que é um homem no infinito?» É a visão, prolongada pela imaginação, que alimenta esta emoção de um homem que se «olhe como perdido neste cantão remoto da natureza» ([12]); «mas se a nossa vista aqui se detém, que a imaginação passe além dela, e mais depressa se cansará de conceber do que a natureza de prover» ([13]). A astronomia, como ciência, vem «alargar as nossas conceções», mas, para lá do imaginável que ela propõe, não serve senão para espantar a imaginação até se «perder neste pensamento». Então, o infinito imaginado torna-se «abismo», e duplo abismo. O próprio termo infinito é menos significativo do que expressivo: não designa uma ideia da razão, e, de resto, não o poderia fazer, porque seria preciso dizer sobretudo que ele é mais indefinido de grandeza e de pequenez do que infinito e nada. Estes dois termos, carregados de terror, manifestam antes o espanto da imaginação que se cansa de conceber e se perde nessas maravilhas: «Porque, enfim, o que é o

([10]) *Ibid.*, fragmento [83] 41, p. 57.
([11]) *Ibid.*, fragmento [146] 527, p. 279.
([12]) *Ibid.*, fragmento [72] 185, p. 116.
([13]) *Ibid.*, fragmento [72] 185, p. 116.

homem na natureza? Um nada diante do *infinito*, um todo diante do nada, um meio entre nada e tudo.» ([14])

Mas a força do despertar do simbolismo espacial dos dois infinitos consiste no facto de suscitar a sua própria superação em direção a um esquema propriamente existencial de desproporção: «limitados de toda a maneira, este estado que ocupa o meio entre dois extremos encontra-se em todas as nossas potências» ([15]). Pouco a pouco, cada um dos termos extremos é sobrecarregado [*se surcharge*] de sentido, como que por uma reminiscência platónica de todas as analogias entre o sensível e o inteligível. O infinitamente grande, o completamente infinito, torna-se «o fim das coisas», aquilo para o qual todas as coisas são «levadas»; o infinitamente pequeno, também designado por nada, torna-se o «princípio» oculto ao homem e também «o nada de onde saiu» ([16]): «Todas as coisas saíram do nada e são levadas até ao infinito.» ([17]) Eis, portanto, o homem agora situado entre a origem e o fim, num sentido ao mesmo tempo temporal, causal e teleológico. E a sua desproporção consiste no facto de não ter a «capacidade infinita» para «compreender», para englobar o princípio e o fim.

E «tendo a natureza gravado a sua imagem e a do seu autor em todas as coisas» ([18]), esta dupla infinidade das próprias coisas duplica-se nas próprias ciências. O nada originário tem o seu reflexo no problema do ponto de partida nas ciências: que a completude das ciências nos escapa, quanto a isso estamos de acordo; que os princípios sejam uma espécie de infinito de pequenez e mesmo de nada, já isso é menos conhecido. O que abala a nossa crença num ponto de partida que seria o simples. Não existe ideia de simples, de ser simples, de mónada de onde se possa partir. Os princípios são para o entendimento aquilo que o infinito de pequenez é para a conceção da nossa imaginação, uma espécie de nada: ora, «não é necessária menos capacidade para chegar ao nada do que para chegar ao todo» ([19]). Toda a questão do espírito de finura e dos princípios sensíveis ao coração é aqui inserida.

([14]) *Ibid.*, fragmento [72] 185, p. 117.

([15]) *Ibid.*, fragmento [72] 185, p. 118.

([16]) *Ibid.*, fragmento [72] 185, p. 118 [tradução modificada].

([17]) *Ibid.*, fragmento [72] 185, p. 117.

([18]) *Ibid.*, fragmento [72] 185, p. 117.

([19]) *Ibid.*, fragmento [72] 185, p. 118.

Será por isso esta «miséria», comparável à errância dos mortais do *Poema*(*) de Parménides ou à opinião instável e variável segundo Platão, uma ferida originária da condição humana ou da nossa falta [*faute*]? Irá decompor-se a nebulosa de limitação e de mal que o *Fedro* não separava claramente?

Claramente, ainda não. A «miséria» ainda permanece um tema indivisível. É notável, de facto, que esta mesma situação do homem entre os extremos seja descrita como dissimuladora por si mesma: «Conheçamos pois o nosso alcance. Somos alguma coisa e não somos tudo. O que temos de ser priva-nos do conhecimento dos primeiros princípios que nascem do nada, e o pouco que temos de ser oculta-nos a visão do infinito.» ([20]) «Tal é o estado que nos é natural e, contudo, é mais contrário à nossa inclinação.» ([21]) Do mesmo modo: «Mas quando considerei a questão de mais perto e depois de ter achado a causa das nossas infelicidades, quis descobrir as suas razões, achei que destas há uma muito certa, que consiste na infelicidade natural da nossa condição fraca e mortal, e tão miserável que nada pode consolar-nos quando pensamos nisso de perto.» ([22])

E, todavia, o divertimento é nossa culpa [*faute*]; se não fosse assim, qual seria a razão desta exortação: «Conheçamos o nosso alcance»? «Fraco», «impotente», «inconstante», «ridículo», o homem não é, de todo, desonerado de se conhecer: «É sem dúvida um mal estar-se cheio de defeitos; mas é um mal ainda maior estar-se cheio deles e não querer reconhecê-lo, porquanto isso é acrescentar-lhe ainda o de uma ilusão voluntária.» ([23]). Temos, portanto, para justificar o divertimento, de recorrer a uma certa «aversão pela verdade» ([24]), a qual, lá por ter «no seu coração uma raiz natural» ([25]), não é menos uma obra muito planeada, uma tática de ilusão, uma manobra preventiva em relação a essa infelicidade da infelicidade, que consistiria em achar-se miserável. Esta tática, à qual Pascal chama um «instinto secreto», envolve assim

(*) Parménides, *Da Natureza*, tradução de José Trindade Santos (Queluz: Alda Editores, 1997) [*N. dos T.*].

([20]) Pascal, *Pensamentos*, *op. cit.*, fragmento [72] 185, p. 118.

([21]) *Ibid.*, fragmento [72] 185, p. 119.

([22]) *Ibid.*, fragmento [139] 126, p. 90.

([23]) *Ibid.*, fragmento [100] 758, p. 399.

([24]) *Ibid.*, fragmento [100] 758, p. 400.

([25]) *Ibid.*, fragmento [100] 758, p. 401.

um sentimento natural à condição miserável do homem, e que é expulso desde logo: um «ressentimento – diz Pascal – das suas contínuas misérias» ([26]). Esse mesmo «ressentimento» supõe «um outro instinto secreto que lhes ficou da grandeza da nossa primeira natureza, que os faz reconhecer que a felicidade só está com efeito no repouso, e não no tumulto; e destes dois instintos contrários forma-se dentro deles um projecto confuso que se esconde da vista no fundo das almas, que os leva a tender ao repouso por meio da agitação e a figurar-se-lhes sempre que a satisfação que não têm chegará se, transpondo algumas dificuldades que enfrentam, pudessem dessa maneira abrir as portas ao repouso.» ([27])

A meditação pascaliana faz, portanto, parte de uma imaginação totalmente exterior da desproporção espacial do homem. Esta própria desproporção refletiu-se numa visão da desproporção do saber sobre as coisas. Por sua vez, esta interiorizou-se no tema da dissimulação que a condição finita do homem segrega, e, de certo modo, exsuda, relativamente à questão da origem e do fim. Por fim, esta mesma dissimulação mostrou ser o paradoxo e o círculo vicioso da má-fé. A condição humana é naturalmente dissimuladora em relação à sua própria significação. Mas esta dissimulação é – também e contudo – o resultado do divertimento que a retórica dos dois infinitos e do meio se propõe converter à veracidade.

Uma retórica da miséria não parece ser capaz de ir além desse paradoxo de uma condição dissimuladora-dissimulada. No plano da exortação, da paramitia pascaliana, a sua ambiguidade permanece. E esse paradoxo deve conservar todas as aparências de um círculo vicioso.

É agora tarefa da reflexão pura compreender a falibilidade e, compreendendo-a, articular em figuras distintas a nebulosa da «miséria».

([26]) *Ibid.*, fragmento [139], 126, p. 91.

([27]) *Ibid.* fragmento [139], 126, p. 91.

SEGUNDO CAPÍTULO

A síntese transcendental

Perspetiva finita, verbo infinito, imaginação pura

O patético da miséria proporciona à filosofia a substância da sua meditação, mas não o seu ponto de partida. Como passar do mito de «mistura», da retórica da «miséria», para o discurso filosófico, do *mythos* para o *logos*?

A etapa necessária mas não suficiente pela qual esta transposição filosófica deve passar é a etapa «transcendental». Ver-se-á porque é que uma reflexão deste estilo não satisfaz as exigências de uma antropologia filosófica e também até que ponto o seu resultado se encontra aquém da compreensão antecipada do homem que encontrou a sua primeira expressão no patético da miséria. Mas será a própria reflexão transcendental a mostrar a sua insuficiência.

A força da reflexão «transcendental» é dupla. Ela reside, em primeiro lugar, na escolha do começo; esse começo, ela procura-o num exame ao poder de conhecer. Poder-se-á acusar tanto quanto se queira esta redução do homem ao conhecer, mas esta heroica redução não é pré-judicativa. Ela consiste na decisão de situar todas as características do homem em relação àquela que é revelada por uma crítica do conhecimento. A seguir a isso, ainda falta fazer tudo o resto. Mas todas as questões, as da prática, as do sentimento, se forem precedidas por uma investigação sobre o poder de conhecer, são vistas a uma luz específica, aquela que convém à reflexão sobre o homem. As categorias fundamentais da antropologia, incluindo, e sobretudo, as que caracterizam a ação e o sentimento, não seriam categorias da antropologia se não passassem antes de mais pela prova crítica de uma reflexão «transcendental», isto é, de um exame ao poder de conhecer.

Em que medida é que essa escolha do ponto de partida nos diz respeito? Na medida em que a primeira «desproporção» suscetível de investigação filosófica é a que é revelada pelo poder de conhecer. Aquilo que era «mistura» e «miséria» para a compreensão patética do homem designar-se-á aqui «síntese». Voltamos a encontrar deste modo, sem preocupação de ortodoxia criticista, os motivos da teoria kantiana da imaginação transcendental, a qual é, precisamente, uma reflexão sobre o «terceiro termo», sobre o «intermediário». Esta será, pois, a nossa primeira etapa no caminho de uma transposição dos mitos de mistura e do patético da miséria para uma filosofia da falibilidade.

Perguntar-se-á em que medida uma reflexão sobre a função intermediária da imaginação no sentido kantiano pode interessar verdadeiramente a uma filosofia da falibilidade. É aqui que aparece a segunda qualidade de uma reflexão de estilo «transcendental»: é uma reflexão a partir do objeto e, mais precisamente, a partir da *coisa*. É «na» *coisa* que ela discerne o poder de conhecer. É na coisa que ela descobre a desproporção específica do conhecer, entre o receber e o determinar. É na coisa que ela percebe o poder da síntese.

É por partir da *coisa* que esta meditação é reflexão e também transcendental. Uma meditação imediata sobre a não-coincidência entre si e si-mesmo perde-se imediatamente no patético, e nenhuma introspeção lhe pode conferir a aparência de rigor. Mas reflexão não é introspeção. A reflexão faz o desvio pelo objeto; ela é reflexão *no* objeto. É nesta medida que ela é propriamente transcendental: faz aparecer no objeto aquilo que, no sujeito, torna possível a síntese. Esta investigação sobre as condições de possibilidade de uma estrutura de objeto rompe o patético, e introduz o problema da desproporção e da síntese na dimensão filosófica. Mas com a força desta reflexão aparece também imediatamente o seu limite: a síntese que revela e inspeciona será apenas, justamente, uma síntese no objeto, na coisa, uma síntese apenas intencional, uma síntese projetada para fora, para o mundo, na estrutura da objetividade que ela torna possível. Não há dúvida de que se poderá, com Kant, chamar a esse poder da síntese «consciência», e falar da síntese *como* «consciência», mas esta «consciência» não é *para si*; ela continua a ser um visar puro, representado no seu correlato [*vis-à-vis*]; é por isso que será necessário um outro tipo de meditação para continuar e passar da consciência à consciência de si.

1. A perspetiva finita

O ponto de partida de uma consideração transcendental sobre o homem como intermediário e sobre a função intermediária da imaginação reside na fratura que a reflexão introduz entre sensibilidade e entendimento. A partir do momento em que a reflexão intervém, ela cinde o homem. A reflexão, por essência, divide, separa. Uma coisa, diz ela, é o *receber* a presença das coisas, outra, o *determinar* o sentido das coisas. Receber é entregar-se intuitivamente à sua existência; pensar é dominar esta presença num discurso que discrimina através da denominação e que liga em frases articuladas.

Qualquer progresso na reflexão é um progresso na cisão. É a este progresso na cisão que nos vamos dedicar primeiro, considerando sucessivamente uma e outra parte do divórcio. É na coisa que descubro quer a finitude do receber, quer essa espécie de infinidade do determinar, do dizer e do querer-dizer que veremos culminar no verbo.

Poder-se-ia acreditar ser possível começar diretamente uma meditação filosófica sobre a finitude pela consideração do *corpo próprio*. Não há dúvida de que é para a insólita relação que tenho com o meu corpo que remeto toda a experiência de finitude. Mas esse nó de finitude não é aquilo que se mostra em primeiro lugar. O que se mostra em primeiro lugar, o que aparece, são as coisas, seres vivos, pessoas no mundo. Sou, antes de mais, direcionado para o mundo. A minha finitude só constitui *problema* quando a crença de que algo aparece verdadeiramente é abalada pela contestação, pela contradição; nesse momento, desloco a minha atenção *do que* aparece para aquele *a quem* isso aparece. Mas esta deslocação de «o que» para «aquilo a quem» ainda não me torna patente a minha finitude. A primeira significação que leio no meu corpo, enquanto mediação do aparecer, não é que é finito, mas precisamente que é aberto para.... Esta abertura para... é inclusive aquilo que o torna mediador originário «*entre*» mim e o mundo; não me encerra, à maneira desse saco de pele que, visto de fora, o revela como coisa no campo das coisas; ele abre-me para o mundo, seja porque deixa aparecer coisas percecionadas, seja porque me torna dependente das coisas de que careço, das quais sinto a necessidade, que desejo porque estão algures ou mesmo em parte nenhuma no mundo. Abre-me também para o mundo, mesmo quando me isola no sofrimento; porque a solidão do sofrimento é ainda assombrada pelas ameaças do mundo ao qual me sinto exposto como se fosse um flanco descoberto. Abre-me ainda aos outros na medida em que expressa, isto é, na medida em que mostra o interior no exterior e se torna signo para outrem, decifrável e oferecido à mutualidade das consciências. Por último, o meu corpo abre-me ao mundo por tudo aquilo que pode fazer; está implicado como poder no carácter instrumental do mundo, nos aspetos praticáveis desse mundo que a minha ação percorre, nos produtos do trabalho e da arte.

É sempre *no* mundo e *a partir* da manifestação do mundo enquanto percecionado, ameaçador, acessível, que me apercebo da abertura do meu corpo, mediador da consciência intencional.

Direi então que a minha finitude consiste no facto de o mundo *não* me aparecer *senão* pela mediação do corpo? A afirmação não é falsa, e Kant não errou ao identificar finitude e recetividade: é finito, segundo ele, um ser racional que não cria os objetos da sua representação mas que os recebe; e seria possível generalizar esta tese a todos os outros aspetos da mediação corporal: ao sofrer, ao carecer de, ao exprimir, ao poder. Mas o que é que faz com que esta mediação corporal seja, precisamente, finita? Não será em primeiro lugar a *abertura* do corpo ao mundo que se revela nesta aperceção marginal que surpreende a mediação do corpo no momento do surgimento do mundo? E não é só que eu não veja em primeiro lugar a minha mediação, antes o mundo; é que, além disso, a minha mediação corporal não mostra primeiramente a sua finitude mas a sua abertura. Por outras palavras, o mundo não representa inicialmente o limite da minha existência mas o seu correlato: é este o sentido da «Refutação do idealismo»(*) na *Crítica da Razão Pura*.

O que é que faz, pois, desta abertura uma abertura *finita*? O exame da *recetividade* irá servir-nos de guia entre as múltiplas modalidades da mediação corporal. Porquê esta escolha? Porque é a modalidade primária desta mediação; é ela que faz com que alguma coisa apareça. O desejável, o temível, o praticável, o útil e todos os predicados estéticos e morais da coisa são sobredeterminações [*surcharges*] do aparecer primário. Não que sejam mais «subjetivos» do que o percecionado enquanto tal; mas são «edificados-sobre» a base primária do percecionado. Por conseguinte, é por ele que temos de começar.

Em que consiste a finitude do receber? Ela consiste na limitação perspetivista da perceção. Ela faz com que toda a visão de... seja um *ponto de vista* sobre... Mas não me apercebo diretamente desse carácter de ponto de vista inerente a toda a visão, mas tão-só reflexivamente. É, portanto, *num* aspeto da aparição, enquanto correlato intencional do receber, que tenho de entrever a finitude do *meu* ponto de vista. Este aspeto do aparecer que remete para o meu ponto de vista representa esta propriedade, insuperável, invencível, de o objeto percecionado se mostrar de um certo lado, unilateralmente. Nunca percebo senão uma face e depois outra; o objeto nunca é senão a suposta unidade do fluxo dessas silhuetas. É, portanto, no objeto que percebo o carácter perspetivista da perceção: ela consiste na inadequação própria do percecionado, isto é, nessa propriedade fundamental de o sentido que se esboça poder ser sempre *infirmado* ou *confirmado*, poder revelar-se *outro*, e não aquele que supunha. É a análise intencional desta inadequação que me faz regressar do objeto para mim como centro finito de perspetiva.

O carácter suposto e precário do sentido convida-me a decompor reflexivamente a unidade visada num fluxo de silhuetas no qual esta unidade se esboça. Assim sendo, o *próprio* objeto desfaz-se em perfis *outros*, no «e depois..., e depois...» do aparecer do objeto.

É esta *alteridade* das silhuetas, descoberta reflexivamente nas entrelinhas, na identidade do objeto, que me indica aspetos não

---

(*) Kant, *Crítica da Razão Pura*, tradução de Manuela Pinto dos Santos e Alexandre Fradique Morujão, (Lisboa: Fundação Calouste Gulbenkian, 5.ª edição 2001), pp. 243-251. [*N. dos T.*]

notados da mediação corporal: o meu corpo que perceciona não é apenas a minha abertura sobre o mundo, ele é o «*aqui a partir de onde*» a coisa é vista. Observemos um pouco mais de perto os momentos desta análise regressiva que, da alteridade das silhuetas, reconduz ao carácter de origem e de ponto de vista do corpo que percebe. Notemos, em primeiro lugar, que ao começar pelo objeto e não pelo corpo, retornando do percecionado àquele que percebe, não nos arriscamos a ser reenviados da coisa no mundo a outra coisa no mundo que seria o corpo-objeto, tal como a psicofisiologia o observa do exterior e o conhece cientificamente. Esse corpo-objeto é também ele próprio algo percecionado. É verdadeiramente o corpo que perceciona que nós desimplicamos dos próprios caracteres do percecionado. E é preciso desimplicá-lo através de uma abordagem especial, porque a sua função de mediação faz precisamente com que ele próprio se omita e se anule no termo percecionado no qual vêm embater, por assim dizer, as operações do percurso do objeto.

Pois bem, como posso eu identificar o meu corpo como o centro de orientação, a origem zero, o «aqui a partir de onde» eu vejo tudo aquilo que posso ver? Temos de considerar ainda uma etapa intermédia entre a *alteridade* das silhuetas e o *aqui* do meu corpo. Esta etapa é a da livre mobilidade do meu corpo: é ao mudar de lugar que *posso* fazer com que o aspeto do objeto se altere; uma certa postura do meu corpo rege a passividade do ser percecionado. É assim que o meu corpo se anuncia como uma condição das mudanças de aparição. As sensações cinestésicas possuem esta propriedade intencional notável de designar o meu corpo como circunstância motivante do curso da perceção: *se* viro a cabeça, *se* estendo a mão, *se* me desloco, *então* a coisa aparece deste modo. Esse fluxo das silhuetas é, portanto, motivado pelo fluxo do vivido cinestésico, sendo bem entendido que, na consciência direta, a aperceção desse fluxo cinestésico se anula na do fluxo das silhuetas, e este na aparição da coisa.

E eis agora a última remissão: a alteridade que a minha livre mobilidade desenvolve, é uma alteridade a partir de uma posição inicial que é sempre o «aqui» absoluto. O fluxo das silhuetas, para o qual me remetia a precariedade da perceção, remete-me, por sua vez, para o fluxo das minhas posições, e este para a origem de cada posição que é o «aqui». É verdade que não falo do «aqui» da minha mão, da minha cabeça, mas apenas do «aqui» do meu corpo como totalidade existente. Na verdade, só os deslocamentos do meu corpo como totalidade sinalizam uma mudança *de lugar*, e, por essa razão, a função do lugar como ponto de vista. Isso é verdade, e para dar conta desse privilégio dos movimentos globais exclusivos para constituir a noção de ponto de vista, mesmo quando esse ponto de vista é especificado pela visão, pela audição ou pelo tato, há que acrescentar a esta análise uma clarificação suplementar. Ao mesmo tempo que decomponho a identidade do objeto na alteridade das silhuetas e esta na alteridade das posições ativas e passivas do corpo, relaciono a diversidade das operações com a identidade de um polo-sujeito: é *a mim* que essas diversas silhuetas aparecem, isto é, a esta unidade e a esta identidade do polo-sujeito que, de certa maneira, se situa por trás da diversidade do fluxo das silhuetas, atrás do fluxo das posições. O «aqui a partir de onde» diz assim respeito ao corpo próprio enquanto posição global do corpo e é no pano de fundo dessa posição que se destacam as posições particulares dos órgãos. É deste modo que a minha mão pode mudar de posição sem que eu mude de lugar. Era isso que Descartes queria dizer quando afirmava que a alma está unida a todo o corpo. A alma desloca-se «de certa forma» *com* o corpo; o que significa que o eu como polo idêntico de todos os atos se encontra aí onde está o corpo considerado como totalidade.

Assim, o «sou-eu-quem» que está implicado em todas as minhas operações intencionais, leva ao predomínio, na constituição do *aqui*, da posição do meu corpo no seu conjunto sobre a posição dos seus membros. Aqui, é a origem de onde *eu* vejo e não a origem de onde o meu olho vê. Ainda que a posição do meu olho seja a origem das silhuetas vistas, não é ela todavia que constitui o aqui. Porque o meu olho não sou eu a não ser por referência da vista ao que vejo. Ora, o «eu» do eu vejo, não está *aqui* a não ser na medida em que o corpo no seu todo tem uma posição a partir de onde opera todos os seus atos percetivos.

Revelámos assim por via regressiva, a partir dos caracteres do percecionado, a finitude própria à recetividade. Esta finitude própria identifica-se com a noção de ponto de vista ou de perspetiva. Vê-se então em que sentido é verdade afirmar que a finitude do homem consiste em receber os seus objetos: no sentido em que pertence à *essência* da perceção o ser inadequada, à essência desta inadequação o remeter para o carácter unilateral da perceção, e à essência da unilateralidade dos perfis da coisa o remeter para a alteridade das posições iniciais do corpo *a partir de onde* a coisa aparece. Não é porque a *livre* mobilidade do meu corpo me revela esta lei de essência que ela não é necessária: de facto, é necessário que a espontaneidade motriz proceda de uma origem zero. Percecionar *a partir de aqui* constitui a finitude do percecionar-se *alguma coisa*. O ponto de vista representa a inelutável estreiteza inicial da minha abertura ao mundo.

Mas esta necessidade não é um destino *exterior*; ela só se torna tal mediante uma falsificação cujo caminho é fácil de retraçar. Só distingo esta estreiteza da minha própria abertura quando a relaciono, através de uma nova regressão para lá de todos os meus «deslocamentos» passados, com um lugar primordial que coincide com o evento do meu nascimento. Nasci algures. Uma vez «posto no mundo», percebo doravante esse mundo através de uma série de mutações e de inovações a partir deste lugar que não escolhi e que não consigo recuperar na minha memória. Então o meu ponto de vista liberta-se de mim como um destino que governa do exterior a minha vida.

Mas esta regressão é totalmente distinta daquela que operámos a partir do percecionado. O meu nascimento é um evento para os outros, não para mim; foi para os outros que nasci em Valence. Mas eu, eu estou aqui, e é em relação ao aqui que os outros estão ali e noutro lado. O meu nascimento como evento para outrem tem lugar em relação a esse ali que, para outrem, constitui o seu aqui. O meu nascimento não pertence, por conseguinte, ao aqui primordial e não posso gerar todos os meus «aqui» a partir do meu lugar de nascimento. Pelo contrário, é a partir do aqui absoluto, que é o aqui-agora – o *hic et nunc* – que *perco o rasto* dos meus antigos «aqui» e que tomo de empréstimo à memória de outrem o meu lugar de nascimento. O que equivale a dizer que o meu lugar de nascimento não figura entre os «aqui» da minha vida e não pode, portanto, gerá-los.

No final desta primeira análise fica então estabelecido o seguinte: a finitude originária consiste na *perspetiva* ou *ponto de vista*; ela afeta a nossa relação primária com o mundo, que consiste em «receber» os seus objetos, e não em criá-los; ela não é exatamente sinónimo da própria «recetividade» que constitui a nossa abertura ao mundo; é sobretudo um princípio de estreiteza, um fechamento na abertura, se assim se pode dizer; esta abertura finita também não é sinónima da própria corporeidade, que mediatiza a nossa abertura ao mundo; ela consiste antes no papel de origem zero do corpo, no «aqui» original a partir do qual existem lugares no mundo.

Esta ligação entre abertura e perspetiva, característica da «recetividade» própria da perceção, será daqui em diante a célula melódica a partir da qual poderemos mais tarde compor as outras modalidades de finitude.

2. O verbo infinito

Bastaria a própria existência de um discurso sobre a finitude para demonstrar que a ideia de perspetiva é a mais abstrata de todas as ideias sobre o homem, e que de modo nenhum ela atesta o triunfo de uma filosofia concreta sobre os caminhos supostamente abstratos da reflexão crítica. O próprio facto de declarar o homem finito revela um traço fundamental desta finitude: é o *próprio* homem finito que fala da sua *própria* finitude. Um enunciado sobre a finitude atesta que esta finitude se conhece e se diz a ela mesma. Cabe, portanto, à finitude humana o não poder experienciar-se a si mesma senão na condição de uma «visão-sobre» a finitude, de um olhar dominador que já começou a transgredi-la. Para que a finitude humana seja vista e dita é preciso que o movimento que a supera seja inerente à situação, à condição ou ao estado de ser finito. Significa isto que qualquer descrição da finitude é abstrata, isto é, separada, incompleta, se omitir a justificação da transgressão que torna possível o próprio discurso sobre a finitude. Esse discurso completo sobre a finitude é um discurso sobre a finitude e sobre a infinidade do homem.

Em certo sentido, foi Descartes o primeiro a colocar no centro da antropologia filosófica essa relação entre o finito e o infinito na sua célebre (e obscura) análise do juízo. Na medida em que o homem é capacidade de julgar, ele é definido por uma desproporção originária. Mas a distinção entre um entendimento finito e uma vontade infinita não representa para nós um bom ponto de partida. Antes de mais, esta distinção parece encerrada no quadro tradicional de uma psicologia das faculdades. É possível, sem dúvida, encontrar o sentido dela para lá desta tradição, e proporemos mais adiante uma reinterpretação da análise cartesiana. Mas a finitude do entendimento não constitui o melhor acesso ao problema do infinito. Além disso, uma interpretação satisfatória da IV Meditação parece vedada pelo próprio uso que Descartes faz das noções de finito e de infinito. À primeira vista a oposição parece puramente quantitativa: por um lado, não conhecemos a não ser um pequeno número de coisas, por outro precipitamo-nos ao afirmar muito mais acerca delas. Este carácter quantitativo do entendimento e da vontade parece ser confirmado pelas reflexões de Descartes sobre o crescimento infinito do nosso saber – diríamos hoje pelo progresso do «learning» – que ele opõe ao infinito atual. Ora, quem diz aumento, diz o mais e o menos e, por isso, o número. A IV Meditação aponta no mesmo sentido: «embora provavelmente existam inúmeras coisas cujas ideias se não encontram em mim»([28]). É no mesmo estilo da quantidade que, por contraste, se diz da vontade que tem uma «extensão», uma «capacidade», uma «amplitude» sem limites. Levada à letra, esta distinção sucumbe à crítica de Espinosa no escólio da proposição 49 do livro II da *Ética*([*]).

Como conservar o impulso da distinção cartesiana entre o finito e o infinito no homem sem regressar a uma filosofia das faculdades, sem colocar o finito numa faculdade e o infinito noutra? Assumindo o mesmo ponto de partida da nossa reflexão sobre o finito.

Se a finitude é primordialmente «ponto de vista», são os atos e as operações pelos quais tomamos consciência do ponto de vista como ponto de vista que revelarão a conexão mais elementar entre uma *experiência* de finitude e um *movimento* de transgressão desta finitude.

Posteriormente, a generalização da noção de perspetiva dar-nos-á uma visão cada vez mais ampla desta dialética que Descartes elaborou no quadro de uma psicologia das faculdades.

Toda a perceção é perspetivista. Mas como conhecerei eu uma perspetiva no próprio ato de percecionar, se *de um certo ponto de vista* não escapo à minha perspetiva?

De que modo? Certamente situando a minha perspetiva relativamente a outras perspetivas possíveis que negam a minha como origem zero. Mas como evitar que esta ideia da não-perspetiva se

---

([28]) Descartes, *Meditações sobre a filosofia primeira*, *op. cit.*, p. 170.

([*]) Bento de Espinosa, *Ética*, tradução de Joaquim de Carvalho *et. al.* (Lisboa: Relógio d'Água, 1992), pp. 255-262. [*N. dos T.*]

torne num novo ponto de vista, que seria, por assim dizer, uma visão de cima sobre os pontos de vista, sobrevoo dos centros perspetivistas? A finitude significa que uma tal visão não situada, que uma tal *Übersicht* não existe. Mas se a reflexão sobre o ponto de vista não é ponto de vista, o que é o seu ato?

O ponto de partida da nossa nova análise não deve ser diferente daquele que conduziu à ideia de perspetiva. É *na* própria coisa, dizíamos, que eu percebo o carácter perspetivista da perceção, a saber, *nessa* propriedade notável do objeto de mostrar só uma face, e depois outra. É na própria coisa que transgrido igualmente a minha perspetiva. De facto, apenas posso *dizer* esta unilateralidade *dizendo* todas as faces que não vejo atualmente; o «não...senão» restritivo enunciado na proposição: *não* percebo de cada vez *senão* uma faceta, só acede à reflexão através de um ato limitador que responde à situação limitada. Mas este ato limitador também não é percebido por mim diretamente mas reflexivamente, tal como eu também só percebia a perspetiva percetiva através da reflexão sobre a unilateralidade do percecionado. Antecipo a própria coisa ordenando esta face que vejo relativamente às que não vejo mas que conheço. Assim, julgo a própria coisa quando transgrido a face da coisa na própria coisa. Esta transgressão representa a intenção de significar; por ela, lanço-me ao encontro do sentido que jamais será percebido em parte alguma ou por quem quer que seja, que não é um superponto de vista, que não é de todo um ponto de vista, mas inversão no universal de todo o ponto de vista.

Se observo agora que significar é querer-dizer, a transgressão do ponto de vista não é outra coisa senão a palavra enquanto possibilidade de dizer e de dizer o próprio ponto de vista. Não sou, por conseguinte, apenas olhar situado, mas querer-dizer e dizer como transgressão intencional da situação; a partir do momento em que falo, falo das coisas em relação às suas faces não percecionadas, e na sua ausência. Desta forma, a intenção percetiva finita, que me dá a presença percecionada no presente vivo, que é o presente da presença, nunca está só e nua. Ela é sempre, enquanto plena, assumida numa relação de preenchimento mais ou menos completo relativamente a outro visar [*visée*] que a atravessa de uma ponta à outra, que a trespassa literalmente e à qual a palavra está originariamente ligada. Este visar é o querer-dizer do dizer. Ao nascer entro no mundo da linguagem que me precede e me envolve. O olhar silencioso é retomado no discurso que lhe articula o sentido. E esta dizibilidade do sentido é uma contínua superação, pelo menos como intenção, do aspeto perspetivo [*aspect perspectif*] daquilo que é percecionado aqui e agora.

Esta dialética entre o significar e o percecionar, o dizer e o ver, parece absolutamente primitiva, e o projeto de uma fenomenologia da perceção, no qual se adiaria o momento do dizer e se arruinaria esta reciprocidade entre o dizer e o ver, revela-se finalmente uma aposta impossível. Neste ponto coincidem a primeira das *Investigações Lógicas*(*) de Husserl e os primeiros capítulos da *Fenomenologia do Espírito*(**) de Hegel.

A expressão, como expressão verbal (*Ausdruck*), afirma a primeira *Investigação Lógica*, é uma indicação significante, no sentido em que anuncia a outrem aquilo que quero dizer, mas só o anuncia a outrem porque significa, isto é, porque designa o sentido, o conteúdo representado. O anúncio, ou seja, a comunicação a outrem, não é possível a não ser através da designação, quer dizer, através da significação propriamente dita da linguagem(***); ora, através da sua função significativa, a linguagem transmite, não a perspetiva finita da minha perceção, mas o sentido que transgride como intenção a minha perspetiva. A linguagem transfere o visar, não a visão. Cada um «preenche» mais ou menos esse sentido como perceção, em carne e osso, mas a partir de um determinado ponto de vista; ou o preenche apenas em imaginação, ou nem o preenche de todo. Realizar o sentido não é conferir o sentido; a palavra tem esta propriedade admirável de tornar transparente a sua sonoridade, de se apagar carnalmente suscitando o ato que confere o sentido; em suma, de se tornar signo.

(*) Edmund Husserl, *Investigações Lógicas. Segundo Volume, Parte I: Investigações para a Fenomenologia e a Teoria do Conhecimento*, tradução de Pedro M. S. Alves e Carlos Aurélio Morujão (Lisboa: CFUL, 2007), «I – Expressão e Significação», pp. 51-129. [*N. dos T.*]

(**) G. W. F. Hegel, *Fenomenologia do Espírito. Parte I*, tradução de Paulo Meneses (Petrópolis: Vozes, 1992). [N. *dos* T.]

(***) No mesmo sentido, Platão distingue a dupla função do λόγος; ele comunica a outrem (indica) e designa algo (significa). Da mesma maneira, para Aristóteles, em *Da Interpretação*, a «interpretação» dos πάθη da alma é o anúncio, a indicação, segundo Husserl. [Nota dos tradutores: Tradução portuguesa: Aristóteles, *Da Interpretação*, tradução de Ricardo Santos (Lisboa: INCM, 2016)]

No signo reside a transcendência do λόγος do homem: logo desde a primeira palavra designo a identidade do significado consigo mesmo, a unidade de validade que outro discurso sobre mim poderá retomar, que o discurso de alguém que não eu poderá apanhar e me recolocar num diálogo. Por muito grandes que sejam os «mal-entendidos», eles dramatizam um «acordo» [*entente*] sempre já começado, que não é inaugurado por nenhum homem, e que todos continuam desde que os homens falam. Aquilo que é dito, o λεκτόν [dito] do meu λέγειν [dizer], o *dictum* de toda a *dictio*, transcende, como unidade ideal do sentido, a simples vivência do enunciado.

Esta transcendência do *dizer* atesta-se a ela própria pelo seu excesso relativamente ao seu preenchimento; pode dizer-se, sem paradoxo, que são as expressões menos preenchidas que são as mais instrutivas a este respeito; e que o auge da significação é atingido naquela que não pode ser preenchida por princípio, a significação absurda ([29]). Eu sou potência de significações absurdas; este poder singular atesta que não me esgoto numa intencionalidade de presença preenchida, mas que sou dupla intencionalidade: por um lado, intencionalidade significante no vazio, poder de dizer na ausência do isto-aqui, por outro, intencionalidade cheia, acolhimento do receber e poder do ver na presença do isto-aqui.

Mas a significação absurda apenas revela, pela impossibilidade de ser preenchida, aquilo que é próprio de qualquer significação, e que é exceder todo o preenchimento percetivo atual: digo mais do que vejo quando significo.

Objetar-se-á que, no caso da coisa percecionada, aquilo que conheço é o resultado contraído e sedimentado da percetibilidade da coisa, e que a percetibilidade da coisa constitui a remissão simbólica da face vista para a face não vista, e de um registo sensorial ao outro, da cor ao som e ao sabor, num movimento infinito de correspondências. Mas para que esse jogo de correspondências e de remissões, pelo qual uma aparição antecipa todas as outras, seja possível, para que *a* coisa regule esta simbólica no interior de

([29]) Existe uma progressão desde as expressões que não co-significam, não conotam nada e permanecem de certo modo em suspenso, passando por aquelas que não podem ser preenchidas porque o preenchimento se destrói a si mesmo através de intuições incompatíveis (quadrado redondo), até às expressões que são gramaticalmente impossíveis (por exemplo, «verde é pois», em que a conjunção «pois» pretende ser atributo mas não o pode ser).

um mesmo registo sensorial e de um registo sensorial a outro, é necessário que a linguagem venha em auxílio do corpo, se faça órgão desta substituição recíproca dos diversos sentidos, que institui num *nome* a regra desta substituição e desta referência mútua das aparições.

O ato de «denominação» – a árvore –, ao significar a constância de um centro de aparição da coisa, transcende todas as aparições ao mesmo tempo que é verificado nesse jogo das correspondências pelas quais uma aparência designa outra aparência: o verde é designado pelo suave, o suave pelo sussurro, etc. É por o nome significar que eu *posso* dizer que uma aparição significa todas as outras; é a linguagem, na medida em que trespassa todas as aparições sensíveis da coisa, que faz com que a própria perceção seja significante. É certo que se o corpo não fosse a raiz orgânica de todas as substituições intersensoriais, a verificação não seria possível: mas uma coisa é tornar possível o preenchimento numa corrente coerente de perceções, outra coisa é propor uma unidade de sentido a verificar numa corrente de perceção. Com efeito, o corpo portador dos diversos sentidos – visão, tato e audição – funda a permutação e a substituição das aparências, mas esta unidade do corpo é simplesmente a unidade *perspetivista* que regula o preenchimento ordenado da significação. É preciso o «nome» para fundar a unidade de validade do sentido, a unidade não perspetivista da coisa, aquela que é anunciada a outrem e compreendida por outrem e que ele verificará, por sua vez, e do seu lugar, numa corrente de perceções convergentes. Para pôr em ação esse processo de verificação, o seu corpo fornecerá *outra* perspetiva, *outra* tipologia da mútua significação das cores pelos sons e odores. Mas é a mesma dita significação que será verificada numa *outra* perspetiva.

A dialética entre o «nome» e a «perspetiva» é, assim, a própria dialética entre a infinidade e a finitude.

A mesma análise feita na linguagem da *fenomenologia* husserliana pode ser refeita e completada na linguagem hegeliana da *Fenomenologia do Espírito*. Nós nunca estamos apenas na certeza do isto-aqui-agora para este eu que está aqui; estamos também sempre já na dimensão da verdade; desde a primeira certeza, aquilo que diz respeito a termo-nos instalado entre as coisas do mundo, que nós dizemos a verdade universal; a igualdade entre a certeza e a verdade é aquilo que perseguimos através da consciência; esta tarefa faz com que a Fenomenologia seja orientada e tenha «no começo o seu próprio fim como objetivo». A *diferença* em relação a si-mesmo representa o verme irrefutável no fruto do imediato. E esta diferença está já presente no «de» que torna dialética a expressão «saber *do* imediato»: o «de» que assinala a intencionalidade da consciência contém já a dialética entre a certeza e a verdade. Ora, em Hegel, como em Husserl, é a linguagem que introduz esta dialética: «não falamos abstratamente da mesma força que visamos nesta certeza sensível». A partir do momento em que colocamos no elemento da palavra o «agora é a noite», um novo agora parece «tal que não é a noite»; o agora falado e conservado na palavra tornou-se um «não isto», um «não agora»; o universal nasceu nesse desmentido posto pelo fluxo do aparecer à permanência das nossas palavras; «mas como vemos, é a nossa linguagem que é o mais verdadeiro: nela, vamos ao ponto de refutar a nossa *opinião* (*Meinung*); e na medida em que o universal é o verdadeiro da certeza sensível, e que a linguagem exprime apenas esse verdadeiro, então não é decerto possível que possamos dizer um ser sensível que *visamos*» ([30]).

Deste modo, a distância entre a certeza e a verdade é originária; esta distância atesta-se na diferença entre a plenitude do menor olhar e a pobreza da verdade mais simples na qual ela se diz: «É», diz o *Poema* de Parménides; «tanta água, tanta água», diz o Presidente(*) que «admira» a inundação e cujo espetáculo submerge a palavra([31]).

([30]) Hegel, *Phénoménologie de l'esprit*, trad. Jean Hyppolite (Paris: Aubier, 1939), t. I, p. 84.

(*) A expressão «tanta água, tanta água» [«que d'eau, que d'eau»] é atribuída ao marechal Patrice McMahon, em reação a uma enorme inundação do rio Garona, em Toulouse, em 1875. [*N. dos T.*]

([31]) Dir-se-ia que esta análise prova exatamente o contrário da precedente; a significação vazia de Husserl nunca será adequadamente preenchida pela intuição: a significação vazia é, pois, a mais rica; já a certeza inicial de Hegel não passa para a verdade: a verdade é, por conseguinte, a mais pobre. Esta oposição aparece claramente e, além disso, é bastante esclarecedora: num certo sentido, a certeza é a mais pobre em universalidade, por ser perspetivista; é por isso que o sentido a transcende como unidade de validade; mas ela é a mais rica em presença, porque é aberta ao mundo; é por essa razão que o sentido não a recaptura exceto multiplicando as mediações, até que a abstração, pela sua própria multiplicação, se iguala ao supremo

Esta transcendência da significação em relação à perceção, da palavra em relação à perspetiva, é o que torna possível a reflexão sobre o ponto de vista enquanto ponto de vista: não habito de tal modo no mundo que não conserve o recuo do significar, do querer-dizer, o qual é princípio do dizer. Assumindo esse recuo, que não institui qualquer ponto de vista superior mas visa a verdade sem ponto de vista, converto o meu aqui de lugar absoluto num lugar qualquer, relativo a todos os outros, num espaço geométrico e social onde não existe localização privilegiada. Sei que estou aqui, porque não sou somente o ponto zero, mas reflito-o: eu sei ao mesmo tempo que a presença das coisas me é dada a partir de um ponto de vista, porque visei a coisa no seu sentido, para lá de todo o ponto de vista.

Mas esta transcendência da significação, atestada pela distância entre a intenção de verdade e a certeza presente, não revelou ainda o momento *infinito* da palavra. Existe uma grande verdade, que não aparece imediatamente na tese cartesiana sobre a finitude do entendimento e a infinidade da vontade, ambas implicadas na capacidade de julgar. Descartes convida aqui a proceder a uma segunda redução, depois daquela que revelou a polaridade entre a palavra e a perspetiva, a significação e a perceção. Esta segunda redução, no interior daquilo a que chamámos, globalmente, o sentido da significação, o visar, a palavra, deve fazer aparecer o momento da afirmação(*).

---

concreto da Realidade efetiva. Aquilo que as duas análises têm em comum é: 1) a desproporção inicial entre o significar e o ver, entre a verdade e a certeza; 2) a identificação da transcendência do significar e da verdade com a palavra, com o λόγος; e 3) o indício de negatividade que se liga a esta transcendência: *vazio* da significação, o não-isto, o não-aqui do universal. Não me ocupo aqui deste acento negativo da transcendência do universal; voltaremos a ele aquando de uma meditação sobre os aspetos negativos da finitude, da privação, da falta [*faute*].

([31]) A primeira redução em Descartes faz aparecer a inspeção do espírito como sendo superior à perceção (Segunda Meditação). Ela conduz à «ideia» da Terceira Meditação. A segunda redução é aquela que opera a disjunção entre o entendimento e a vontade: «Porque, com o entendimento só por si, apenas não afirmo nem nego nada, mas concebo apenas as ideias das coisas, que posso afirmar ou negar». Descartes, *Meditações sobre a Filosofia Primeira*, *op. cit.*, Quarta Meditação, p. 170 [Nota dos tradutores: tradução modificada].

Também aqui não se deve passar demasiado rápido para o lado do sujeito, do ato, da noese, mas proceder reflexivamente a partir do objeto, do conteúdo, do noema.

Até agora, fingimos ignorar que a verdadeira «palavra significante» (*) – para falar como Aristóteles no tratado *Da Interpretação* (**) – é o discurso composto a que chama, precisamente, λόγος (§4), é a enunciação do mundo, o juízo. Aristóteles assume aqui a descoberta de Platão no *Crátilo* (***), no *Teeteto* e no *Sofista* (****), onde pela primeira vez a distinção entre o nome e o verbo é reconhecida na sua significação profunda e instituída como a pedra angular do discurso humano. Na verdade, toda a nossa meditação sobre a transcendência da palavra em relação à perspetiva leva a uma reflexão sobre o verbo. Mas por que razão fazemos depender uma problemática tão importante da significação do verbo?

Partamos da análise do verbo no tratado *Da interpretação* (§3). O verbo, diz Aristóteles, é uma significação nominal atravessada por uma significação adicional –προσσημαίνει– e inclusive por uma sobressignificação dupla. Por um lado, de facto, o verbo designa o tempo, ou seja, estabelece na existência presente a significação nominal do verbo. Dizer que «Sócrates caminha» é estabelecer a existência presente do caminhar; e todos os outros tempos serão apenas flexões do presente. Esta posição de existência afeta toda a significação nominal do verbo, isto é, o bloco que está diante do sujeito e que, eventualmente, será decomposto em cópula e predicado: em «Sócrates está sentado», o verbo é o bloco «está sentado» e é este conjunto que sobressignifica (*consignificat*,

(*) Ricardo Santos, na sua supracitada tradução de *Da Interpretação*, de Aristóteles, traduz o grego *phonê semantikê* por «som vocal significativo»: Aristóteles, *Da Interpretação*, *op.* cit. §4, 16b, 25, p. 174. Embora sigamos a tradução de Ricardo Santos, aqui optámos por traduzir «parole signifiante» por «palavra significante», por estar mais de acordo com a tradução utilizada por Ricœur, e porque esta noção de «palavra», em ligação com a interpretação, assume especial relevância na hermenêutica ricœuriana desta época e posterior. [*N. dos T.*]

(**) Aristóteles, *Da Interpretação*, *op. cit.* [*N. dos T.*]

(***) Platão, *Crátilo*, tradução de Maria José Figueiredo (Lisboa: Piaget, 2001). [*N. dos T.*]

(****) Platão, *O Sofista*, tradução de H. Murachco *et. al.* (Lisboa: Gulbenkian, 2011). [*N. dos T.*]

diz São Tomás) o tempo. Por outro lado, além desta asserção de existência, o verbo adiciona ao sentido que já tem enquanto nome a atribuição ao sujeito, o que diz, di-lo «relativamente a outra coisa». Esta segunda função não está fixada num elemento distinto do discurso, como se a existência presente fosse designada pela cópula, e a atribuição pelo predicado: é ainda o bloco verbo que assume as duas funções. «Sócrates caminha» quer dizer: o caminhar «existe agora» e o caminhar é «*dito de*» Sócrates.

Através desta dupla intenção do verbo, a frase humana encontra simultaneamente a sua unidade de significação e a sua capacidade de erro e de verdade. É o verbo que possibilita que a frase se «mantenha junta», visto ser ele que confere a significação atribuída ao sujeito de atribuição pela sua significação adicional; ao declarar o ser, introduz a frase humana no reino ambíguo do verdadeiro e do falso.

Esta análise admirável de Aristóteles coloca-nos no limiar da reflexão decisiva. Com efeito, a alma do verbo é a afirmação, é o dizer *sim* ou *não*. É através do verbo que nós afirmamos ou negamos algo sobre alguma coisa([32]). Pois bem, com a afirmação e a negação, aparece a transcendência, já não apenas da significação em geral em relação à perceção, mas da palavra enquanto verbo em relação aos seus próprios conteúdos significados enquanto nomes. Aristóteles já tinha dado a conhecer esta «possibilidade» fundamental de fazer com as mesmas significações nominais não somente uma afirmação e uma negação, mas (e cita na seguinte ordem, o que é muito importante) uma negação falsa, uma afirmação falsa, uma afirmação verdadeira e uma negação verdadeira([33]). Já se refletiu acima sobre as significações absurdas; é preciso agora refletir sobre o poder do verbo para desmultiplicar as significações primárias dos «nomes», primeiro pelas negações, depois pelas negações falsas. A possibilidade da *negação falsa*, que Aristóteles coloca à cabeça da sua enumeração, constitui o símbolo desta transcendência do «verbo» em relação à simples significação, ao «nome» como significação significada, adquirida, sedimentada.

([32]) «Uma afirmação é uma declaração de que uma coisa é alguma coisa e uma negação é uma declaração de que alguma coisa não é alguma coisa.» Aristóteles, *Da Interpretação*, *op. cit.*, §6, 17a, 25, p. 176.

([33]) *Ibid.*

Aristóteles não levou a cabo esta meditação sobre o *poder*, sobre a capacidade de julgar, revelada pelo verbo; nesta «possibilidade» de negar tudo o que se afirmou e de afirmar tudo o que se negou, o que o vai interessar não é o «poder» terrível e admirável da afirmação humana, é a própria oposição da afirmação e da negação a propósito do mesmo atributo relacionado com o mesmo sujeito. Em suma, trata-se do acesso à lógica da contradição.

Cabe-nos refletir sobre esse quádruplo poder do verbo, e encontrar nele, com a tradição que vai de São Tomás a Descartes e Malebranche, a *electio* [escolha], o *liberum arbitrium* [livre arbítrio], que é também *liberum judicium* [livre juízo], o poder dos contrários, a capacidade de afirmar ou negar, em suma, aquilo a que esta tradição chama a «vontade» no juízo([34]). É em relação a esta capacidade positiva que as significações primárias dos nomes são, de certa forma, elas próprias paixões da alma que as nossas conceções são recebidas; são recebidas no seu sentido, mas instituídas pela crença; crer é afirmar, e afirmar é «fazer». Assim se atesta o domínio do homem sobre os seus pensamentos e a responsabilidade, ou, como diz Descartes nos *Princípios de Filosofia*([35]), o «mérito do louvor e da censura». Porque, mesmo quando a vontade «segue» a luz do entendimento, depende ainda dela querer *prestar atenção*, considerar, dedicar-se a esta luz.

Assim, também recuperamos a dialética cartesiana entre o entendimento e a vontade, cuja interpretação literal tivemos de rejeitar. É o próprio Descartes que indica o caminho de uma segunda leitura da Quarta Meditação, em que seria superado o sentido puramente quantitativo do finito e do infinito. A Gassendi, que lhe objetava que o entendimento tem, pelo menos, tanta extensão quanto a vontade, já que esta não poderia aplicar-se a uma coisa da qual não temos a ideia, Descartes responde: «E assim admito claramente que não queremos nada do qual não concebemos de

---

([34]) Aristóteles também iniciou esta análise, no terceiro livro da *Ética a Nicómaco*, pelo estudo do voluntário e do involuntário nas ações, da deliberação e da preferência na escolha dos meios; mas esta teoria do juízo prático permanece confinada à ética e não comunica com o estudo do verbo conduzido noutro lado, no contexto do *Organon*. Relacionar essas duas linhas de análise significa, a nosso ver, fazer surgir a correlação noético-noemática entre poder de afirmar (noese) e a sobressignificação do verbo (noema).

([35]) Descartes, *Princípios de Filosofia*, tradução de João Gama (Lisboa: Edições 70, 2014).

certa forma alguma coisa, mas nego que o nosso entender e o nosso querer sejam de igual extensão; porquanto é certo que podemos ter múltiplas vontades de uma mesma coisa da qual, no entanto, só podemos conhecer muito pouco.» (*)

«Ter múltiplas vontades de uma mesma coisa»: Descartes encontrava assim uma afirmação que está no centro do tratado *Da interpretação* de Aristóteles: dos mesmos sujeitos e dos mesmos atributos é possível afirmar e negar, e mais, de afirmar o que não é como existente, de negar o que não é como existente, de afirmar o que é como existente e de negar o que não é como não existente.

Ora, é esta vontade múltipla das mesmas coisas que excede a finitude do entendimento. A extensão, a amplitude do querer, representa então a sua independência e esta independência é uma qualidade indivisível. Esta independência assume a forma da indiferença quando o entendimento não apresenta ideias claras que o sujeito possa escolher. No entanto, na ausência de indiferença, esta independência é ainda ausência de imposição, e mesmo, de uma certa forma, de capacidade de fazer ou de não fazer, de afirmar ou de negar, de perseguir ou de fugir, logo, poder dos contrários. As cartas a Mesland mostram em que sentido a vontade conserva, na ausência de toda a indiferença, isto é, de toda a igualdade entre os motivos ou entre as razões, «esta potência positiva que nós temos de seguir o pior, ainda que conheçamos o melhor». O carácter «presente» da intuição, a fraqueza e o cansaço, a versatilidade da nossa atenção (**), fazem com que também exista mérito

---

(*) Descartes, *Cinquièmes réponses*, «Des choses qui ont été objectées contre la IVème Méditation», n.º 3. Nota dos tradutores: republicado em René Descartes, *Œuvres complètes, IV.2 Objections et réponses (VII). Lettre au père Dinet* (Paris: Gallimard, 2018).

(**) Vê-se aqui como a finitude do entendimento consiste menos numa estreiteza quantitativa do que nesta necessidade de pensar sucessivamente, no carácter apenas presente da intuição, na fadiga da atenção (veja-se a carta ao Padre Mesland de 2 de maio de 1644). [Nota dos tradutores: Consultar a edição Adam e Tannery das obras de Descartes, *Œuvres,* publiées par C. Adam et P. Tannery, *IV. Correspondance* (Paris: Cerf, 1901), pp. 110-120]); igualmente, no final da IV Meditação: «Verifico em mim a fraqueza de não poder aplicar-me continuamente a uma mesma coisa.» (Descartes, *Meditações de Filosofia Primeira, op. cit.*, p. 178 [tradução modificada]. O final da Quinta Meditação relaciona fadiga e instantaneidade da intuição; veja-se também o artigo 13 da primeira parte dos *Princípios de Filosofia.*

em fixar a atenção no verdadeiro e com que a própria evidência constitua ainda uma ação. «Tudo o que se faz ou que acontece de novo é geralmente chamado pelos filósofos uma paixão em relação ao sujeito a quem acontece, e uma ação em relação a quem o provoca» ([36]). A distinção entre a vontade e o entendimento que aparece na Quarta Meditação mais não era que um caso particular da distinção entre as ações e as paixões da alma([37]), no sentido em que afirmar, escolher, são ações da alma, enquanto as nossas perceções ou conhecimento «que temos, porque muitas vezes não é a nossa alma que os faz tal como são, limitando-se a recebê-los das coisas que são representadas por ela» ([38]). É, portanto, entre *Fazer* e *Receber* que se joga a dialética entre o Infinito e o Finito.

A análise cartesiana reorienta-nos, por isso, no sentido desta capacidade de afirmar que o tratado *Da Interpretação* nos ensinou a colocar no *verbo*, e que São Tomás e Descartes nos ensinam a situar no momento voluntário da afirmação. É, por conseguinte, à identidade do verbo e do assentimento do consentimento e da escolha (ou como se queira chamar-lhe) que todas as nossas análises conduzem. Se adotarmos a linguagem husserliana e a correlação noese-noema, diremos que a sobressignificação do verbo é o noema correlativo da noese que nos aparece agora constituída pelo momento voluntário da afirmação.

Esta correlação entre o assentimento e o verbo evita-nos muitos equívocos; consideraremos apenas dois de entre eles que estão mais próximos da nossa própria análise. O primeiro diz respeito ao uso que fizemos de Descartes e à reinterpretação que nos permitiu mantê-lo. Ora, o perigo da análise cartesiana não se resume à interpretação em termos de quantidade da distinção entre o finito e o infinito, consiste também em separar a infinidade humana da exigência de verdade. A verdade, ao que parece, está do lado da ideia, mas o nosso assentimento é apenas livre. É certo que Descartes não deixou de repetir que da maior luz no entendimento segue-se a maior inclinação na vontade, e que a liberdade de indiferença é o grau mais baixo da liberdade. Mas isso não obsta

---

([36]) Descartes, *As Paixões da Alma*, Primeira Parte, Artigo 1, p. 65, in *Descartes, Discurso do Método e Tratado das Paixões da Alma*, tradução de Newton de Macedo, 8.ª ed. (Lisboa: Sá da Costa, 1978).

([37]) Descartes, *ibid.*, Artigo 17, p. 76.

([38]) Descartes, *ibid.*, p. 76 [tradução modificada].

em nada à distinção que coloca a vontade, a liberdade e o infinito de um lado, e o entendimento, a verdade e o finito do outro. Todos os perigos do voluntarismo estão inscritos nesta dicotomia.

Ora, se ligarmos o momento subjetivo e voluntário da afirmação ao momento objetivo e por si significante do *verbo*, já não existe qualquer distinção entre as duas faculdades, entre uma vontade infinita e um entendimento finito. A correlação entre a afirmação e o verbo, ou seja, a correlação entre um ato e uma significação, ou melhor, uma «sobressignificação», representa, se nos ativermos a essa linguagem, a correlação entre a vontade e o entendimento. A vontade já não possui qualquer privilégio de infinidade que não seja o do entendimento. É por isso que mais vale renunciar completamente a esta psicologia das faculdades e substituí-la por uma teoria da significação que: 1) tem em conta a distinção originária entre os nomes e os verbos; e, 2) liga o momento voluntário da afirmação à significação própria do verbo.

Mas é possível encontrar no nosso próprio texto uma discordância semelhante. Situámos, em primeiro lugar, a transcendência do homem relativamente à sua situação, à sua perspetiva, na palavra enquanto significante. O sentido, como dissemos, é o não-ponto de vista. Deste modo, a intenção de verdade, interpretada sucessivamente em termos husserlianos e em termos hegelianos, pareceu constituir o momento de infinidade do homem. De seguida, a distinção cindiu-se em nome e em verbo, a transcendência do discurso concentrou-se no verbo, e o verbo revelou a sua alma afirmativa. Ao transferir a ênfase da significação em geral, mas que era sobretudo entendida no sentido do «nome», para o verbo, essa ênfase transferiu-se igualmente da intenção de verdade para a intenção de liberdade.

Também aqui a correlação entre o assentimento e um momento específico do discurso impede a rutura entre as duas problemáticas de verdade e de liberdade. O verbo sobressignifica: quer isto dizer que significa primeiro como um nome e forma-se na intenção primária do significar. Por conseguinte, a nossa liberdade de afirmar – enquanto ligada ao verbo – está enraizada no solo das significações nominais. Além disso, através do duplo aspeto da sobressignificação – referência ao tempo presente e relação predicativa voltada para um sujeito do verbo – o verbo liga duplamente a afirmação humana à intenção de verdade. Porque a referência ao tempo presente é o verbo enquanto declaração do ser; e a referência ao sujeito é o verbo enquanto relação. As duas dimensões da verdade, existencial e relacional, estão assim implicadas no verbo. Logo, se o correlato intencional da afirmação é o verbo, e se o verbo visa a verdade, liberdade e verdade formam o par noese-noema constitutivo da afirmação humana.

3. A imaginação pura

A reflexão sobre a coisa produziu um primeiro resultado: ela descobriu, ao mesmo tempo que a cisão, a «desproporção» entre, por um lado, o verbo que diz o ser e o verdadeiro, arriscando o erro, e, por outro, o olhar fixado no aparecer e na perspetiva. Esta «desproporção» é, ao mesmo tempo, a dualidade entre o entendimento e a sensibilidade, à maneira kantiana, e a dualidade entre a vontade e o entendimento, no sentido cartesiano.

É desta descoberta da «desproporção» que deriva o problema do terceiro termo, do termo intermédio, ao qual teremos de chamar imaginação pura por razões que iremos apresentar. Ora, o espantoso é que esse terceiro termo não é suscetível de se refletir como a sensibilidade se refletiu na consciência de perspetiva e como o verbo se refletiu na consciência de significação, e depois na consciência de afirmação. O espantoso é que esse terceiro termo não seja dado em si mesmo, mas apenas na coisa. Por outras palavras, para uma reflexão simplesmente transcendental, o homem não opera a sua própria síntese a não ser como intenção. Dito ainda de outro modo, se é possível falar-se de consciência de síntese, ou da síntese como consciência, esta consciência não é ainda consciência de si, não é ainda «homem».

O que é a coisa? É a unidade já realizada num correlato [*vis-à-vis*] entre a palavra e o ponto de vista; é a síntese na medida em que é operada do exterior. Esta síntese, enquanto está num correlato [*vis-à-vis*], tem um nome: a objetividade. Com efeito, a objetividade não é outra coisa a não ser a indivisível unidade entre um aparecer e uma dizibilidade; a coisa mostra-se *e* pode ser dita; uma aparição que de modo algum pudesse ser dita, que se excluísse por si de todo o universo de discurso, que não se deixasse antecipar em nenhum «sentido», representaria a fugidia aparência que Platão compara às estátuas de Dédalo, as quais nada pode prender; a aparência desligada é como que nada; inversamente, não ligo outra coisa senão aquilo que se mostra; a palavra é determinação da aparência. Isto é tão verdade que é a partir da síntese *da* coisa e *na* coisa que a reflexão pôde discernir sucessivamente a inadequação da perceção, aquilo a que se poderia chamar o carácter desconectado das silhuetas, e, por outro lado, a transcendência do sentido em relação a esse fluxo das silhuetas, seguida da do verbo em relação ao sentido puramente nominal; é a coisa que remete para o homem como ponto de vista e para o homem como palavra.

Nunca é de mais insistir neste ponto: a objetividade do objeto não reside de modo algum «na» consciência; ela está sobretudo face a ela, como aquilo ao qual ela se refere; é nessa condição que ela pode servir de fio condutor, de guia transcendental, na própria consciência que o eu puro tem desta síntese; de igual forma, não tece, de modo algum, nenhum juízo prévio relativamente à unidade real do homem para si mesmo; esta síntese é, antes de mais, intencional; é, em primeiro lugar, quando se projeta no modo de ser da coisa que a consciência se torna intermediária; torna-se meio entre o infinito e o finito, desenhando esta dimensão ontológica das coisas, a saber, precisamente, que elas são síntese entre sentido e presença: aqui, a consciência é tão-somente aquilo que prescreve que uma coisa não seja coisa exceto se se conformar com esta constituição sintética, se puder aparecer *e* ser dita, se puder afetar-me na minha finitude *e* prestar-se ao discurso de todo o ser racional. Da mesma forma, prefiro dizer que a síntese é, primeiramente, síntese do sentido e da aparência, mais do que síntese do inteligível e do sensível, a fim de sublinhar que a objetividade do objeto é constituída no próprio objeto. Vê-se o ponto em que nos afastamos de Kant: a verdadeira síntese *a priori* não é aquela que se enuncia em «princípios», ou seja, em juízos que seriam prévios relativamente a todas as proposições empíricas do domínio físico; Kant reduziu o alcance da sua descoberta às dimensões restritas de uma epistemologia; a objetividade do objeto é reconduzida à cientificidade dos objetos de um domínio delimitado pela história das ciências; mas a crítica é mais do que a epistemologia, a reflexão transcendental é mais do que uma exploração da cientificidade dos objetos de ciência; a verdadeira síntese *a priori* não figura em enunciados, ainda que sejam prévios; ela consiste no carácter objetal (mais do que objetivo, se objetivo significar científico) da coisa, a saber, esta propriedade de ser lançada diante de mim, de ser simultaneamente dada ao meu ponto de vista *e* suscetível de ser comunicada num discurso compreendido por todo o ser racional. Que a dizibilidade adira à aparição do que quer que seja, eis a objetividade do objeto([39]).

Esta objetividade que não está nem na consciência, nem nos princípios da ciência, é sobretudo o modo de ser da coisa; ela é propriamente a ontologia desses «entes» a que chamamos coisas. Heidegger – que nos recusaremos a acompanhar em seguida – tem razão quando afirma que a revolução copernicana representa, acima de tudo, a remissão do ôntico para o ontológico, isto é, da «coisa», considerada como um dos «entes» entre os «entes» («há» coisas, como «há» homens, como «há» deuses) para a sua constituição ontológica; a objetividade designa esta constituição sintética em si mesma, enquanto união do sentido com a presença. É a esta constituição sintética que toda a coisa se deve conformar para ser um objeto: «A verdade ôntica conforma-se necessariamente com a verdade ontológica. Eis de novo a interpretação legítima do sentido da revolução copernicana»([40]).

Regressemos agora, através de um retorno reflexivo, à função que torna possível esta síntese *na* coisa; que a torna possível projetando antecipadamente a objetividade do objeto, a saber, o modo de ser da coisa em virtude do qual ela pode aparecer e ser dita.

Esta reflexão é transcendental e não psicológica, na medida em que a constituição ontológica da coisa, a sua objetividade, serve de guia à tomada de consciência da própria síntese subjetiva: o segredo da síntese entre o finito e o infinito na «alma» consiste na *referência de* esta «alma» à síntese objetal, pelo menos neste estádio da nossa reflexão, assumidamente teórica e estritamente transcendental. Direi, por conseguinte, que faço de mim mesmo

---

([39]) Um excelente exemplo de síntese objetal que excede o quadro propriamente epistemológico da noção kantiana de objetividade é fornecido pelo próprio Kant no seu exame das categorias da qualidade; a qualidade, nota, deixa-se determinar numa «antecipação da perceção» segundo a qual nenhuma perceção pode constituir-se sem um grau de qualidade; através do «grau», toda a qualidade é dizível, isto é, suscetível de ser distinguida, reconhecida, enunciada; assim, o vermelho-cereja afeta-me, mas de tal maneira que torna possível *a priori* o discernimento sempre mais refinado de um conhecedor experiente. A qualidade é tal que possa ao mesmo tempo ser sentida e determinada. Reside aí o seu carácter objetal.

([40]) Heidegger, *Kant et le probléme de la métaphysique*, tradução francesa de Alphonse De Waelhens (Paris: Gallimard 1953), p. 77.

síntese de palavra e de perspetiva nesta projeção da objetividade. Mas o que significa isto?

A elucidação de uma imagem à qual recorremos muitas vezes irá servir-nos de transição para ir ao encontro da ideia kantiana de imaginação pura, a imagem de abertura. Desde o início da nossa investigação da ideia de perspetiva, dissemos que o nosso corpo era a título primordial – ou seja, antes que observássemos a sua função perspetivista – *abertura para* o mundo; não nos foi possível formar a noção de perspetiva senão como uma espécie de estreiteza da nossa abertura, sendo certo que esta imagem é tomada à descrição do olhar, como de resto o são também a de ponto de vista, a de campo, a de forma, a de horizonte; a virtude desta imagem consiste em sugerir qualquer coisa como um misto do ponto de vista e do sentido; porque, se o ponto de vista é um carácter da abertura, a saber, a sua estreiteza, a abertura designa de antemão que o meu ponto de vista é transgredido, que eu não estou fechado em cada silhueta, mas que tenho acesso a um espaço de dizibilidade pela própria aparição da coisa sob uma face, e depois sob outra.

Perspetiva e transgressão constituíam, desta forma, os dois polos de uma única função de abertura. A imagem da abertura já designava, portanto, o «misto» entre a afeção sensível e a determinação intelectual que procuramos agora perceber.

A imagem de abertura convoca outra imagem: a da claridade ou da luz, tal como a encontramos na tradição platónica ou cartesiana. O que é notável nesta imagem é que ela sugere a ideia de um meio no qual se vê; não vemos a luz, mas na luz; a luz é assim o espaço de aparição; mas a luz é igualmente espaço de inteligibilidade. A luz, como a abertura, é *medium* de aparição e de dizibilidade.

Reconstituímos deste modo, por meio da analogia – e saberemos dentro em pouco a razão pela qual o essencial foi descoberto pela via indireta da imagem e não pela voz direta da reflexão imediata – os pressupostos do problema kantiano da imaginação pura.

Não é por acaso que a nossa antropologia do finito e do infinito encontra Kant neste estádio do seu desenvolvimento. Toda a filosofia que defende, em simultâneo, que a recetividade da perceção é irredutível ao discurso e ao sistema e que o pensamento determinante é irredutível à recetividade, em suma, toda a filosofia que recusa o idealismo absoluto e o empirismo radical confronta-se, por sua conta, com o problema kantiano da síntese das regras da dizibilidade, ou «categorias», e das condições da aparição, ou «intuição pura», na «imaginação transcendental». Caminhemos, portanto, algum tempo na companhia de Kant.

Se julgar é subsumir uma intuição sob uma regra, «tem de haver um terceiro termo, que deva ser, por um lado, homogéneo à categoria e, por outro, ao fenómeno e que permita a aplicação da primeira ao segundo. Esta representação mediadora deve ser pura (sem nada de empírico) e, todavia, por um lado, *intelectual* e, por outro, *sensível*. Tal é o *esquema transcendental*» ([41]).

O que nos interessa na teoria da imaginação transcendental é que esse terceiro termo não tem um *para si*: esgota-se inteiramente a fazer com que haja objetividade; para si própria, a síntese imaginativa é *obscura*; o esquematismo é «uma arte oculta nas profundezas da alma humana, cujo segredo de funcionamento dificilmente poderemos alguma vez arrancar à natureza e pôr a descoberto perante os nossos olhos» ([42]). Seria um erro reduzir esta declaração de Kant à admissão de fracasso de uma filosofia que parte da dualidade entre o entendimento e a sensibilidade. A descoberta profunda reside no facto de esta dualidade ser superada algures, no objeto, embora esta unidade não seja suscetível de se refletir plenamente: ao passo que a objetividade do objeto é aquilo que há de mais claro, de mais manifesto – ela é a verdadeira *lumen naturale* [luz natural] –, a imaginação transcendental, que é o seu correlato, permanece um enigma. Ela permanece um enigma porque compreendemos o que significa receber, ser afetado; compreendemos o que significa determinar intelectualmente; compreendemos que esses dois poderes não podem modificar as suas funções – «o entendimento nada pode intuir e os sentidos nada podem pensar» ([*]); é porque compreendemos tudo isso que a sua raiz comum é «desconhecida para nós» e que o movimento da clara síntese objetal até ao obscuro «intermediário» é «para sempre penoso». Existe assim como que um ponto cego no centro da visão luminosa, que é esta função da alma, da qual Kant diz, justamente, que é «cega, mas indispensável». Em suma, não existe inteligibilidade *própria* desse termo mediador.

([41]) Kant, *Crítica da Razão Pura*, *op. cit.*, A 138, p. 182.

([42]) Idem, A 141, p. 184.

([*]) *Ibid.*, A 51 / B 75, p. 89. [*N. dos T.*]

É verdade que Kant leva mais longe a regressão para o termo médio, portador da síntese, e remonta até ao tempo, ou, como ele diz, até à «determinação transcendental do tempo», para resolver o enigma do «terceiro termo». Não será o tempo o misto por excelência? Não será, por um lado, a condição de toda a diversidade vivida? Não será, diríamos, num livre comentário da ideia kantiana de diversidade, a condição de toda a surpresa, de todo o encontro, de toda a incoerência, de toda a inovação, de toda a aparição, de todo o corte? Em suma, não será essencialmente distendido? Não será esse carácter desconectado que o torna «homogéneo ao fenómeno», para falar de novo como Kant? E não será, por outro lado, supremamente *determinável* pelo entendimento, já que todas as categorias se enraízam na forma de esquema? E, com efeito, o que é propriamente genial na teoria da esquematização é que cada categoria se torna intuitiva, recebe uma dimensão imaginada, quando determina o tempo; ao somar unidade com unidade, eis que determino o tempo como uma «série»; Kant diz mesmo: «produzo o próprio tempo na apreensão da intuição» (*); pois bem, ao determinar o tempo gerei igualmente o número, «que é uma representação que engloba a adição sucessiva da unidade à unidade» (**); em simultâneo, ofereci um esquema à categoria pura de quantidade; o mesmo tempo que ainda há pouco tinha a aparência de desconectado, é agora, como série, a imagem pura de todas as grandezas; o tempo é, por conseguinte, esta ordem intermediária, homogénea ao sensível, do qual é o próprio estilo de dispersão e de distensão e, simultaneamente, homogénea também à inteligibilidade, da qual é a condição de intuitividade, uma vez que se presta a esta determinação inteligível a que chamamos «série»; a coincidência entre «diverso» e «série», é esta a maravilha do tempo.

Pode-se acrescentar algo mais a esta maravilha; porque o tempo é determinável ainda sob outras relações: é também o que pode ser preenchido ou esvaziado; é então homogéneo às categorias da qualidade, tendo cada sensação um «grau», segundo o qual «preenche mais ou menos» o mesmo tempo. Posso ainda considerar o tempo como uma ordem, conforme algo persiste no tempo, sucede regularmente a outra coisa no tempo, ou duas

(*) *Ibid.*, A 143 / B182, p. 184. [*N. dos T.*]
(**) *Ibid.*, A 142-143 / B182, p. 184. [*N. dos T.*]

coisas existem num só e mesmo tempo por ação recíproca: por conseguinte, a ordem do tempo ou o tempo como ordem oferece às categorias da relação os esquemas, com os quais se pode contar, da permanência no tempo, da causalidade orientada e da causalidade recíproca.

Graças ao tempo, não acedemos nós ao «conhecimento fenomenológico original da estrutura íntima e unificada da transcendência» ([43]), como diz Heidegger?

Na verdade, através de uma aproximação mais fina, apenas agudizámos o paradoxo; é ainda uma dualidade que enunciamos quando dizemos que o tempo é simultaneamente a forma de toda a diversidade *e* que se deixa determinar pelo entendimento e suas categorias; quer disperse ou ordene, quer diversifique ou unifique. Não dizia já Santo Agostinho que o tempo era *distentio* [distensão] e *intentio* [intenção]? Dizer que o tempo é unidade desta dualidade é nomear a dificuldade, é ainda situá-la – o que já é melhor que nada –, mas não é resolvê-la. Para que o terceiro termo tenha uma inteligibilidade própria, teríamos de conseguir mostrar que ele representa «a raiz comum» do entendimento e da sensibilidade. Pois bem, uma tal génese radical das regras do entendimento e da intuição a partir da determinação transcendental do tempo – logo, uma génese das categorias a partir dos esquemas – continua a ser uma ambição irrealista. O tempo só se deixa determinar segundo múltiplas relações – série do tempo, conteúdo do tempo, ordem do tempo, conjunto do tempo – porque relações puras e puramente intelectuais o determinam. Nunca ninguém mostrou de que modo, a partir da exclusiva consideração do tempo, se pode extrair uma ordem nocional articulada. Quando, com Heidegger, falamos da transcendência da finitude, apenas estamos a evitar o problema. Uma questão como esta: «Como é que o homem, que é finito e, como tal, abandonado ao ente e constituído para a receção deste, pode, antes de qualquer receção, conhecer o ente, isto é, intui-lo sem contudo ser o seu criador?», é uma questão truncada; conhecer o ente consiste não apenas em deixá-lo aparecer, mas ainda em determiná-lo intelectualmente, ordená-lo, dizê-lo. É por isso que uma filosofia da finitude, mesmo interpretada como finitude que transcende, não resolve o problema; é uma filosofia da síntese – da síntese entre finitude e racionalidade – que é requerida; a

---

([43]) Heidegger, *Kant et le probléme de la métaphysique, op. cit.*, §24, p. 176.

substituição não foi possível senão à custa da redução do problema da objetividade ao do deixar-aparecer; eliminámos a tensão do problema ao eliminar o polo de entendimento em prol do polo de intuição; eliminou-se o problema específico da coincidência entre a racionalidade e a intuitividade [*intuitivité*], o pensar e o ver, na objetividade; para se fazer justiça à dramática do objeto, já não nos podemos contentar com fórmulas que apenas nomeiam a dificuldade, quando não a dissimulam: abertura, transcendência, deixar objetar [*objecter*] o objeto, etc.; essas expressões são ilusões de ótica, porque dissimulam o essencial: que uma ordem nocional se aplique ao que aparece à intuição. É porque Kant se preocupa com uma tal ordem, com uma tal discursividade exigida pela própria dizibilidade do objeto, que não podia contentar-se com uma vaga transcendência desarticulada, que seria um simples campo de aparição, mas nunca uma ordem inteligível; de igual modo, não podia extrair do próprio tempo esta ordem, mas, pelo contrário, determinar o tempo pela categoria. Não se pode inverter o problema a não ser eliminando o que faz o essencial da racionalidade, a saber, que ela é um discurso articulado. É por esse motivo que, em Kant, os esquemas continuam a ser uma *aplicação* das categorias aos fenómenos, e não poderiam considerar-se como a sua origem radical; não há sequer motivo para distinguir aqui entre a primeira e a segunda edição da *Crítica da Razão Pura*: é a primeira edição que declara: «é, pois, sobre elas [categorias] que se funda toda a unidade formal na síntese da imaginação» ([44]), e ainda: «o esquema de um conceito puro do entendimento é algo que não pode reduzir-se a qualquer imagem, porque é apenas a síntese pura, feita de acordo com uma regra da unidade, segundo conceitos em geral, e que exprime a categoria» ([45]); além disso, ao fornecer-lhes assim uma imagem, mediante a representação de um processo geral da imaginação, o esquema restringe a amplitude de sentido da categoria. Kant sempre teve consciência de que havia menos no esquema do que na categoria: o esboço de uma génese triádica dos conceitos puros (B 110-111) – unidade, pluralidade, totalidade – realidade, negação, limitação – permanência, causalidade, comunidade – existência, possibilidade, necessidade – é o sinal de que uma génese radical dos conceitos puros deveria

---

([44]) Kant, *Crítica da Razão Pura, op. cit.*, A 125, p. 167.

([45]) *Ibid.*, A 142, p. 184.

procurar-se antes do lado de uma dialética puramente nocional, ordenada segundo um «ato particular do entendimento» ([46]). Mas Kant não explorou esta via.

Se, por conseguinte, respeitarmos a polaridade inicial que gera o próprio problema, o enigma da imaginação transcendental mantém-se intacto. Não se pode designá-lo senão através de uma dupla exigência: indo de cima para baixo, diremos que o pensamento, capacidade de determinar e de dizer, exige ser aplicado ao que aparece; em linguagem kantiana: a unidade da aperceção «pressupõe (...) uma síntese, ou inclui-a» ([47]); dir-se-á até que «o princípio da unidade necessária da síntese pura (produtiva) da imaginação é, pois, anteriormente à apercepção, o fundamento da possibilidade de todo o conhecimento, particularmente da experiência.» ([48]); mas nem por isso *tomamos consciência* desse princípio; teremos de nos limitar a afirmar que esta síntese é «representada como necessária *a priori*»; porque nós sabemos apenas que «por ela todos os objetos da experiência possível devem ser representados *a priori*». Tomando as coisas inversamente e procedendo de baixo para cima (A 119), mostrar-se-á que o diverso *a priori* do espaço e do tempo não pode ser reconduzido à unidade senão por meio de um poder de síntese que faz *a priori* o que a imaginação empírica faz na associação das perceções; a comparação com a associação empírica fornece assim um sentido analógico à imaginação transcendental; mas, em si mesmo, o «terceiro termo» permanece obscuro, oculto, cego.

Poder-se-ia concluir bastante bem esta reflexão sobre a imaginação transcendental, termo mediador na ordem teórica, dizendo que a síntese que ela opera entre o entendimento e a sensibilidade (ou, na nossa linguagem, entre o sentido e o aparecer, entre a palavra e o olhar) é *consciência*, mas não é consciência de si. A consciência de que fala a filosofia na sua etapa transcendental não constitui a sua própria unidade senão fora dela mesma, no objeto; quando Kant diz: «é claro que a unidade, que constitui, necessariamente, o objeto, não pode ser coisa diferente da unidade formal da consciência na síntese do diverso das representações» ([49]),

---

([46]) *Ibid.*, B 111, p. 114.
([47]) *Ibid.*, A 118, p. 159.
([48]) *Ibid.*, A 118, p. 160.
([49]) *Ibid.*, A 105, p. 145.

é preciso compreender reciprocamente que a unidade formal não é senão a condição de possibilidade daquilo que chamámos a síntese objetal. Foi nesse sentido que afirmámos que a síntese transcendental é apenas intencional: ela é unidade como intenção; sabemos agora o que isso significa: a consciência aplica-se a fundar a unidade do sentido e da presença «no» objeto. A «consciência» ainda não é a unidade de uma pessoa em si e para si; ela não é uma pessoa una; não é ninguém; o «Eu» do eu penso é apenas a forma de um mundo para alguém e para todos; ela é consciência em geral, isto é, simples e puro projeto do objeto.

Cometeríamos um erro se, com esta reflexão, concluíssemos que uma filosofia de estilo transcendental é inútil por ser meramente formal. Ela é a primeira etapa de uma antropologia filosófica. Quem desejasse queimar essa etapa e passar de imediato para uma filosofia da pessoa não sairia do patético senão para cair numa ontologia fantástica do ser e do nada. Se o homem é o meio entre o ser e o nada, é porque *antes de mais* opera «mediações» nas coisas; o seu lugar intermediário é *antes de mais* a sua função de mediador entre o infinito e o finito nas coisas. O transcendental é, assim, a condição de toda a transposição do mito de «mistura» e da retórica da «miséria» para o discurso filosófico.

Mas, ao mesmo tempo que o transcendental fornece o primeiro momento de uma teoria filosófica da «desproporção», está em falta relativamente à substancial riqueza da qual o mito e a retórica ofereciam uma compreensão patética. Existe um excesso que uma reflexão simplesmente transcendental não permite elevar ao nível da razão.

TERCEIRO CAPÍTULO

A síntese prática

Carácter, felicidade, respeito

A segunda etapa de uma antropologia da «desproporção» é constituída pela passagem do teórico ao prático.

Em que consiste essa passagem? O que a exige? Como é que ela afeta a nossa análise da «desproporção»?

É possível dizer, *grosso modo*, que essa passagem é a de uma teoria do conhecimento a uma teoria da vontade, do Eu penso ao Eu quero, com todo o seu ciclo de determinações específicas: eu desejo, eu posso, etc.

O desenvolvimento da nossa análise trará todas as nuances desejáveis a esta proposição massiva. Digamos antes a que exigência corresponde esta nova peripécia da reflexão.

Ela responde a uma preocupação de totalidade que não é satisfeita por uma reflexão transcendental. Esta totalidade da realidade humana era, de certa forma, pressentida na visão global dos mitos de «mistura» e na retórica da «miséria». A força desta compreensão patética residia na própria substância que visava e transmitia. É esse excesso de plenitude que tentamos reintegrar na reflexão.

Em relação a esta substância antecipada no modo patético, a reflexão transcendental parece abstrata; e a sua abstração é propriamente a do guia, do fio condutor, que ela deu a si mesma; a reflexão transcendental é uma reflexão a partir da coisa, uma reflexão sobre as condições de possibilidade da objetividade da coisa. É isto a sua força e o seu limite. A sua força, porque rompe com o patético e abre a dimensão propriamente filosófica de uma antropologia. O seu limite, porque o universo das coisas também não é senão a ossatura abstrata desse mundo da nossa vida. Para fazer um mundo, essas coisas carecem de todos os aspetos afetivos e práticos, todos os valores e contravalores que aderem a ele, constituem a sua atração ou a sua repulsa, todos os obstáculos, todas as vias, todos os meios, utensílios e instrumentos que o tornam praticável ou impraticável e, de qualquer maneira, difícil. Esse complexo de coisas carece sobretudo do frente-a--frente [*vis-à-vis*] das pessoas com as quais trabalhamos, lutamos e comunicamos e que se destacam nesse horizonte de coisas, nesse cenário de objetos valorizados e pragmáticos, aparecendo como outros polos de subjetividade, de apreensão, de valorização, de ação. Ora, esse mundo de pessoas exprime-se através do mundo das coisas, povoando-o de coisas novas, que são obras humanas.

Logo, é no *objeto* que descobrimos, antes de mais, a distância entre uma consideração transcendental e uma consideração totalizante. É, portanto, o guia que escolhêramos antes que se revela pobre e vazio; é esse guia transcendental que exige ser completado, no sentido forte do termo, de se tornar completo.

Será preciso renegar o nosso ponto de partida? Seria tentador fazê-lo, sob pretexto de que uma teoria do conhecimento, que elabora as noções «puras» de recetividade «pura», de conceito «puro», de imaginação «pura», é posterior à presença da pessoa completa e concreta num mundo completo e concreto. Mas a ordem da filosofia não é a repetição da vida, da existência, da praxis, ou como se queira chamar. A totalidade que cada um de nós é, e na qual vivemos e agimos, não se torna *problema* senão para uma filosofia que se separou dela ao colocar outra questão, ao dar outro ponto de apoio à subjetividade, o da «pura» coisa. É para uma tal filosofia que a totalidade se torna problema *filosófico*; o que engloba é excluído; o que compreende não é compreendido; a totalidade torna-se, então, surpreendente; ela é o desvio, a diferença, o resto. É por isso que embora a reflexão transcendental se insira tardiamente no movimento da totalidade, deve ter prioridade numa ordem propriamente filosófica; porque é ela que torna filosófica a questão da totalidade, ao torná-la problemática.

Não é esta a única vantagem deste procedimento: uma filosofia que começa no modo transcendental não revela apenas a totalidade como problema mas como termo de aproximação; em vez de se elevar abruptamente até à totalidade, aproxima-se dela gradualmente. Num sentido comparável, Platão recomendava no *Filebo* não se precipitar nem no abismo do infinito, nem no do Uno, mas aprender a deter-se nos intermediários; o verdadeiro filósofo, dizia ele, é aquele que «conta e faz números» (*Filebo,* 17e): não se deve «passar imediatamente ao uno, mas, uma vez mais, a um número que oferece ao pensamento uma pluralidade determinada, e não chegar finalmente ao uno senão após se ter esgotado todo o conjunto (*Filebo,* 18 a-b).

O que Platão dizia do Uno, dizemo-lo nós da totalidade. Nada se presta mais à impostura do que a ideia de totalidade. Da totalidade, afirma-se demasiado depressa: ela está aqui, ela está ali; ela é Espírito, ela é Natureza, ela é História. Ao fazê-lo, não se está longe da violência: em primeiro lugar, da violência sobre os factos, e, pouco depois, da violência sobre os homens, se, para mais, o filósofo da totalidade tiver poder sobre os homens.

É por este motivo que o nosso método consistirá sobretudo em assumir a ideia de totalidade como uma tarefa, como uma ideia reguladora no sentido kantiano, como uma exigência de totalização, e em empregar esta exigência em sentido inverso ao da exigência de radicalidade, ou de pureza, que regulou a nossa primeira investigação.

É sob o signo desta aproximação da totalidade por graus sucessivos que temos de colocar o recurso à teoria da vontade. Uma tal teoria constitui, a nosso ver, a etapa principal entre o «puro» e o «total», o ponto de inflexão em que o abstrato é remetido para o concreto. Ver-se-á depois por que razão também não pode ser esta a derradeira etapa.

É quando se introduz esse novo momento da reflexão que surge a mais importante vantagem que uma investigação sobre a totalidade pode retirar da reflexão transcendental anterior, a qual, no entanto, parecia excluí-la. A reflexão transcendental, como vimos, aplicou-se a uma temática que lhe é muito anterior, a temática da desproporção e do intermediário; ela fez com que esta temática se tornasse filosófica quando a refletiu nas noções de perspetiva, de sentido, de síntese. Esta tríade será para nós a célula melódica de todos os desenvolvimentos ulteriores.

A realidade humana como totalidade irá aparecer-nos como uma dialética cada vez mais rica, completa, entre polos cada vez mais concretos e em mediações cada vez mais próximas da vida. Mas é apoiando-nos nas noções de *perspetiva* e de *sentido*, elaboradas ao nível transcendental, que tentaremos compreender todas as outras formas da polaridade e da mediação humanas. A aproximação da totalidade humana não será, pois, abandonada ao acaso e à fantasia; será esclarecida e orientada pela temática transcendental da síntese.

É desta aproximação, que é guiada transcendentalmente, que esperamos a noção completa de falibilidade. Portanto, afirmaremos o seguinte:

Todos os aspetos de finitude «prática» passíveis de ser compreendidos a partir da noção transcendental de perspetiva podem resumir-se na noção de carácter. Todos os aspetos de infinidade «prática» passíveis de ser compreendidos a partir da noção transcendental de sentido podem resumir-se na noção de felicidade. A mediação «prática» que prolonga a da imaginação transcendental projetada no objeto é a constituição da pessoa no respeito. A tarefa que esta nova análise visa é a de mostrar a fragilidade desta mediação prática do respeito da qual a pessoa é o correlato.

O objeto que nos serve de guia nesta nova etapa é a «pessoa» e já não a «coisa». Este objeto suscita o mesmo género de regressão reflexiva que aquele que conduziu da constituição da coisa à síntese da imaginação transcendental; será o *respeito* a mostrar a sua dualidade íntima; mas, além desta dualidade de carácter ético, são as raízes da desproporção prática que será preciso redescobrir; é para regressar, para lá de toda a ética caída [*déchue*], ao momento prático originário que vamos tentar encontrar, a um nível mais profundo do que o de qualquer dualismo moral, a «desproporção» entre carácter e a felicidade.

1. O carácter

Todos os aspetos de finitude «prática» passíveis de ser compreendidos a partir da noção transcendental de perspetiva podem resumir-se na noção de carácter.

Mas mesmo desta noção de carácter devemos aproximar-nos gradualmente. O carácter é, de facto, à sua maneira, uma totalidade dos aspetos de finitude; sob pena de fazer do carácter uma coisa ou um destino, é preciso compor pacientemente esta noção a partir da de perspetiva.

a) Perspetiva afetiva

O que torna a noção de perspetiva demasiado abstrata é, antes de mais, a ausência de traços afetivos na ideia inteiramente «pura» de ponto de vista. O ponto de vista, poder-se-ia dizer, é uma perspetiva «desinteressada», um simples ângulo de visão, uma estreiteza de campo que exprime a limitação de um «aqui». O ponto de vista é uma perspetiva afetivamente *neutralizada*. É, pois, o aspeto afetivo da perspetiva que temos de abordar em primeiro lugar.

Tentemos reconstituir o movimento reflexivo pelo qual faço surgir no seio da atenção esse novo aspeto de estreiteza, de fechamento. Na verdade, não é para a minha perspetiva afetiva que me volto; é, antes, a partir dela que as coisas se me revelam interessantes; e é nessas coisas que apreendo o amável, o atraente, o odioso, o repugnante. Mais ainda, esses aspetos afetivos da coisa estão, eles próprios, implicados nas disposições práticas da minha vontade a título de motivação. É alimentando de *motivos* uma vontade que *projeta*, e se projeta, que a minha vida afetiva desenvolve as suas avaliações espontâneas ou refletidas; o amável, o odioso são momentos nesse movimento de antecipação a que chamamos projeto. Longe, portanto, de notar a estreiteza da minha perspetiva afetiva, estou antes de mais integralmente naquilo que faço; e o que faço intercala-se no visar daquilo que há a fazer; por conseguinte, é para a obra projetada, para o *pragma*, que, na ingenuidade pré-reflexiva, me volto em primeiro lugar.

É então do projeto que temos de desimplicar a motivação ([50]), e da motivação que será preciso desimplicar a finitude afetiva.

([50]) Remeto para as análises propostas em *Le volontaire et l'involontaire* (Paris: Aubier, 1950). Aí insisti no enraizamento afetivo da vontade, sob o signo da bela fórmula de Aristóteles: «A vontade move através do desejo.» O aguilhão desta análise voltava-se, então, contra certas filosofias que valorizam o momento do surgimento; a súbita manifestação da escolha; se é verdade que eu *me* determino, que eu *me* decido e que essa relação ao mesmo tempo ativa e reflexiva entre si e si-mesmo contém já um juízo implícito de imputação, há que dizer, em contrapartida, que esta imputação de mim-mesmo não constitui a operação fundamental da vontade; é um

A motivação provoca o aparecimento de uma nova espécie de «recetividade» na qual a minha finitude está inscrita. Já não a recetividade sensorial do ver e do ouvir, mas essa recetividade específica que significa que eu não produzo radicalmente os meus projetos do nada, assim como não produzo os meus objetos através da intuição criadora. Não tenho ações senão deixando-me levar por motivos; não avanço para... (para o «a-fazer»), senão apoiando-me *no*... (no amável, no odioso, etc.). Uma liberdade humana é uma liberdade que avança mediante projetos motivados; eu *faço* os meus atos na medida em que *acolho* as suas razões.

Pela primeira vez percebemos em que sentido a análise da perspetiva é um guia transcendental para todos os outros aspetos de finitude. Porque a recetividade sensorial é a primeira suscetível de reflexão transcendental, serve de *analogon* a todas as outras e, sobretudo, à de motivação: «vejo» porque ajo assim; «escuto» o apelo que me lança o desejável, o amável.

Mas as metáforas tomadas à esfera de «recetividade» constituída pelo percecionar não devem mascarar os traços novos da recetividade do desejo. Trata-se de uma recetividade «prática» e já não «teórica»; uma recetividade homogénea a um projeto e já não a uma visão. É por isso que o nome que lhe convém é «inclinação», no sentido forte e clássico do termo, aquele que nos transmite a belíssima expressão: inclinar sem necessitar. A inclinação, eis a

---

ato de retoma, de retorno, de reconhecimento de si-mesmo, um segundo movimento que faz surgir o Si no centro da reflexão. O primeiro movimento da vontade não é esse momento de reiteração através do qual me imputo os meus atos, mas aquele pelo qual os instituo [*je les pose*]; ora, o avanço do eu, na sua ingenuidade pré-reflexiva, consiste no momento intencional pelo qual suscito antes de mim o «a-fazer-por-mim», pelo qual, portanto, abro no mundo possíveis, eventualidades, novidades evenemenciais. Não é, portanto, para o meu poder-ser que me volto em primeiro lugar, mas para o objeto dos meus projetos, que na altura defini assim: «A decisão significa, isto é, designa no vazio, uma ação futura que depende de mim e que está em meu poder» (*Le volontaire et l'involontaire*, *op. cit.*, p. 66).

Era relativamente a esta definição do projeto que propunha uma definição da motivação que é mais precisa do que a da psicologia contemporânea, para a qual a motivação cobre todo o campo das necessidades e pulsões; uso aqui a noção de motivação no sentido estrito de motivo *do* querer, logo, na sua relação com um projeto, com uma obra «a fazer», o que a linguagem comum exprime na relação do «porque»: eu decido-me a... porque... A motivação, compreendida nesse sentido preciso, é uma estrutura da decisão voluntária.

«paixão» específica do querer. Só um querer inclinado, emocionado, pode igualmente determinar-*se* a si mesmo. A sua atividade está imbuída desta passividade específica.

Se o *desejo* é, então, uma forma de recetividade simultaneamente análoga à da perceção, mas distinta e nova, em que consiste a sua finitude?

Dir-se-á que o querer humano é *finito* pelo facto evidente de não ser ato puro mas projeto motivado, ação-paixão? Lembremo--nos que uma questão semelhante se levantou a propósito da perceção: somos finitos porque é preciso receber os nossos objetos para os formar? Respondeu-se que a recetividade sensorial revela primeiramente a sua abertura e que a finitude é a estreiteza desta abertura, a saber, o aspeto *perspetivo* [*aspect perspectif*] da nossa maneira de sermos afetados.

A análise do desejo propõe a mesma relação entre abertura e fechamento, entre o visar do mundo e o ponto de vista.

O desejo não me revela a *minha* maneira de ser afetado; não me fecha sobre mim mesmo enquanto desejo; não me fala primeiro de mim, porque não é primeiramente uma maneira de *me* sentir, e ainda menos uma «sensação interna». Ele é carência sentida de..., impulso orientado para... ([51]). No desejo estou fora de mim; estou perto do desejável que está, ele próprio, no mundo. Em suma, no desejo, estou aberto a todas as tonalidades afetivas das coisas que me atraem ou me repelem. É esta atração apreendida na própria coisa, lá, algures, em lado nenhum, que faz do desejo uma abertura sobre... e não uma presença a si, fechada sobre si.

Se recuarmos agora dessas tonalidades mundanas do desejável para o corpo que deseja, é preciso dizer uma vez mais que esse corpo, carne de desejo, não se anuncia em primeiro lugar como figura fechada, mas como mediação prática, em suma, como *corpo projetante*, no mesmo sentido em que foi possível falar de corpo *que perceciona*. A minha carne de desejo é pura antecipação, isto é, compreensão ou apreensão antecipada, lá, algures, em parte incerta, fora de mim. O corpo desejante escapa-se à frente, oferecendo o ímpeto da sua carne ao eu projetante.

([51]) Não estou aqui a tomar partido entre a leitura cartesiana a partir do negativo (carência, privação) e a leitura espinosista, feita a partir do positivo (*conatus*, afirmação de si). Veja-se *Le Volontaire et l'involontaire, op. cit.*, pp. 124-126.

Onde está a finitude em tudo isto? Uma difícil conversão ao obscuro deve extrair agora da visão do desejo algo como o equivalente afetivo daquilo que era a perspetiva para o corpo que perceciona. A perspetiva, recordamo-nos, estava implicada no visar intencional da perceção; representava a origem zero de todas as visões sucessivas apreendidas sob esta face, e de seguida sob outra face da coisa. O desejo propõe uma regressão semelhante a partir dos seus aspetos intencionais. A finitude é aqui a confusão, a opacidade, que entenebrece aquilo a que se poderia chamar a clareza do desejo.

Pode parecer estranho falar da clareza do desejo; mas ela não é outra coisa senão a sua intencionalidade. O desejo, na verdade, é carência *de...*, ímpeto *para...* O «de» e o «para» designam o carácter orientado, eletivo do desejo. É esta especificidade do desejo, enquanto desejo «disto» ou «daquilo», que se presta a ser elucidada – no sentido preciso da palavra – pela luz da representação. O desejo humano esclarece a sua visão na representação da coisa ausente, do caminho e dos obstáculos; essas formas imaginativas orientam-no para o mundo; nelas me comprazo; nelas estou fora de mim. A imagem é mais ainda: ela não antecipa apenas os contornos percetíveis da conduta gestual, ela antecipa o prazer e a dor, a alegria e a tristeza de estar junto ou separado do objeto desejado. Esta afetividade imaginativa, caucionada pela imagem afetiva, pelo representante ou o *analogon* do prazer futuro, acaba por me levar, pela imaginação, ao fim do desejo. A imagem é aqui tão-somente o desejo; ele imprime-a, abre-a e clarifica-a. Através dela, o desejo entra no campo da motivação. Sob o prisma do valor, pode ser comparado com outros motivos, sacrificado ou preferido, aprovado ou reprovado.

É nesse sentido que é possível falar de uma luz da afetividade, de uma clareza do desejo. Não é mais do que a sua visão afetiva. O meu corpo, atravessado de certa forma por esta visão, supera-se a si mesmo; faz-se mediador do projeto. Ou, como diz Descartes, «dispõe [a alma] a querer no futuro as coisas que se lhe representam como convenientes» ([52]).

Mas se o desejo é claro na medida em que imagina, é simultaneamente *confuso*. É esta confusão inerente à clareza do desejo

---

([52]) Descartes, *As Paixões da Alma*, *op. cit.*, Artigo 86, p. 112 [tradução modificada].

que atesta a sua finitude. Existe uma opacidade invencível que não «passa» para a imagem, e não só para a imagem da coisa, para a imagem das vias, dos obstáculos e dos meios, como também para a antecipação imaginante da alegria de estar «unido pela vontade» à coisa desejada.

Em que consiste, então, esta opacidade afetiva, e que significará ela para o ser do homem, na medida em que este ser é abertura? Poder-se-ia perfeitamente dizer que é o avesso ou o reverso da intencionalidade do desejo, ou seja, aquilo que na visão não visa, e na escolha não escolhe; é uma maneira de «me sentir», de «me encontrar»(*) bem ou mal, que, para ser exato, não deseja nada, nada mais e nada em concreto, uma prova global e indivisível do meu corpo, já não atravessado por todos os seus visares em direção ao mundo, mas refletido em si, já não mediador mas sentindo-se a si mesmo. A cenestesia não é outra coisa.

Se relacionarmos esta análise com a anterior, torna-se claro que aquilo a que antes chamámos ponto de vista, origem zero, centro de perspetiva, em relação ao corpo que perceciona, é agora aquilo a que chamamos cenestesia ou confusão.

Esta maneira de se sentir, de se «encontrar bem ou mal», confere ao corpo que perceciona, ao ponto de vista, uma densidade que é a falsa profundidade da existência, a muda e indizível presença a si do corpo; o «aqui» do meu corpo, manifestado pelo sentimento opaco, vibra no seu lugar. Esta sensibilidade «profunda» revela que o meu corpo é ainda outra coisa para lá do deixar-passar do mundo, para lá do deixar-ser de todas as coisas. O corpo não é pura mediação; é ainda imediato para ele mesmo e assim obtura a sua abertura intencional.

Que o corpo não possa ser puro mediador, já que também é imediatamente para si-mesmo, nisso reside o seu fechamento afetivo.

(*) Como nota Charles Kelbley, na sua tradução inglesa de *L'homme faillible*, nesta passagem sobre nos encontrarmos bem ou mal, Ricœur ecoa implicitamente as análises da *Befindlichkeit* heideggeriana, tal como podem ser encontradas nos §§29-30 de *Sein und Zeit*. Veja-se a nota 5 de Ricœur, *Fallible Man*, tradução de Charles A. Kelbley (New York: Fordham University Press, 1986), p. 54 e Heidegger, *Sein und Zeit* (Tübingen: Max Niemeyer Verlag, 18.ª edição, 2001), pp. 134-141. Tradução portuguesa: *Ser e Tempo*, Parte I, tradução de Márcia Sá Cavalcante Schuback (São Paulo: Editora Vozes, 15.ª Edição, 2005). [*N. dos T.*]

Com o fechamento afetivo recuperamos o sentimento da diferença original entre mim e qualquer outro. Sentir-me bem ou mal é sentir a minha singularidade como indizível e incomunicável. Assim como o lugar é aquilo que não pode ser partilhado, a situação afetiva na qual me encontro e me sinto é o que não pode ser alterado. É aqui que o egoísmo, como vício, encontra a sua oportunidade: da diferença, faz uma preferência. Mas a preferência por si-mesmo encontra, inscrita em toda a inclinação, aquilo que os estoicos tinham chamado um apego a si, uma tendência natural para querer o bem para si mesmo, um amor pela sua própria constituição, aquilo a que de bom grado chamaria um amor por si mesmo como ponto de vista([53]).

Como os estoicos viram claramente, todo o desejo «de *alguma coisa*» envolve um «sentimento e dileção por si mesmo». Esta adesão, esta aderência a si mesmo, constitui o baixo contínuo, o vínculo que une todos os visares afetivos, múltiplos e diversos pelos seus objetos. Aquilo a que chamávamos o polo-sujeito de todas as perceções, solidifica-se em amor-próprio. O centro para quem todas as coisas são e de onde todas as coisas aparecem já não é apenas origem zero do olhar, mas apego a si. Os momentos de catástrofe fazem surgir no centro da situação esta dileção por mim mesmo surdamente presente no desejo de alguma coisa: quer a minha vida seja ameaçada como um todo, quer esteja eu em perigo de morte, todo o desejável esparso no mundo reflui para esse desejável primordial que, de amor-próprio implícito, se torna querer-viver. E o meu medo de morrer, o meu desejo de sobreviver gritam-me: fica, querido, único, insubstituível ponto de vista!

É esta a minha finitude *afetiva*, a diferença amorosa de si.

b) Perspetiva prática

Esse mesmo indício de «fechamento», encontramo-lo também nos *poderes* que dão azo ao querer. Uma vez mais, não é que a inflexibilidade, a indocilidade, a inaptidão para a mudança

---

([53]) Cícero, *De finibus bonorum et malorum*, III, 5. «Fieri autem non posset, ut appeterent aliquid, nisi sensum haberent sui eoque se et sua diligerent.» [«Além disso, seria impossível que lhes apetecesse algo se não tivessem consciência de si-mesmos e, portanto, se não se amassem a si-mesmos.»]

que o costume confere aos comportamentos habituais sejam a característica primordial dos meus poderes; a finitude é sempre o avesso, e a abertura, a significação primordial e direta do ser humano entre os seres do mundo. Na ação em vias de se realizar, o meu corpo é atravessado; ele não é o fim do agir, o *pragma*, mas o *organon* [instrumento]. Esta relação do órgão ao agir, irredutível, de resto, à de um instrumento mecânico com um agente exterior, é aquela que podemos vislumbrar nos comportamentos humanos executados com elegância e graça. É necessária uma circunstância particular, o encontro com uma resistência, para que a atenção se liberte da obra em vias de se realizar, e que mobilize, de certa forma, o corpo na direção do padrão da ação e redirecione a atenção para o órgão movido. Nesse momento, o órgão movido, mediador original entre o eu agente e o mundo agido, surge no centro da situação e exibe a sua finitude *prática*.

Toda a capacidade tem um reverso de incapacidade. Por um lado, a aquisição de hábitos liberta a atenção, confiando a ação a dispositivos habituais, que se desbloqueiam e se desenvolvem à maneira dos automatismos controlados. Deste modo, o corpo consiste num nó de poderes, de estruturas motrizes e afetivas, de métodos transponíveis cuja espontaneidade está à disposição da vontade. Bastará observar a vida dos nossos gestos familiares para ver como o corpo avança, tenta e inventa, responde à nossa expectativa ou nos escapa.

Esta mediação prática do corpo estende-se para lá dos hábitos *motrizes*, em sentido estrito. Também os nossos conhecimentos são uma espécie de corpo, de corpo psíquico, se assim se pode dizer. Através de regras de gramática e de cálculo, através de saberes sociais e de saberes morais, aprendemos e formamos novos saberes; toda a forma de aprender, corporal e intelectual, comporta esta relação entre uma ação e um corpo agido, entre um querer e um poder posto em ação.

Ora, é a mesma espontaneidade prática, mediadora de todos os nossos quereres, que da minha capacidade faz a minha incapacidade. Todo o hábito, de facto, representa o início de uma alienação que se inscreve na própria estrutura do hábito, na relação entre *aprender* e *contrair*. O hábito é possível porque o ser vivo tem esse poder admirável de se mudar a si mesmo por meio dos seus atos; mas quando aprende, ele afeta-se a si mesmo; o meu poder ulterior já não está na situação de começar mas de continuar; a vida continua e começar é raro; assim nasce, através desta afeção continuada de mim mesmo, uma espécie de natureza humana, isto é, uma imitação do nativo, do inato, pelo habitual. O que é aprendido é adquirido (*habitudo*), e o que é adquirido é contraído. O hábito assume, então, na vida a significação inversa da emoção, que, segundo a admirável intuição do *Tratado das Paixões da Alma* de Descartes, começa e recomeça na «surpresa». O hábito *fixa* os nossos gostos, as nossas aptidões, e assim diminui o nosso campo de disponibilidade; o leque de possíveis encolhe; a minha vida tomou forma. Não que os verdadeiros hábitos sejam automatismos; são os hábitos mais flexíveis, mais transponíveis, mais próximos do esquema ou do método que melhor mostram aquilo a que Ravaisson chamou o retorno da liberdade à natureza. Porque é precisamente à custa da disponibilidade desses hábitos plásticos, que não têm a rigidez dos dispositivos mecânicos, que se desenvolve o processo inverso da esclerose. É por isso que os nossos hábitos são muito ambíguos; não é por acaso que se prestaram a dois sistemas opostos de interpretação, pela vida que «aprende» e pela vida que «automatiza», pela espontaneidade e pela inércia.

Este envelhecimento dos esquemas, esta imitação da coisa pela vida, convida-nos a procurar o novo modo de finitude do lado de uma inércia primordial misturada com a espontaneidade da vida e do querer; como se estivéssemos submetidos pelo nosso corpo a uma lei da materialidade presente em todos os níveis da realidade. Ao naturalizar-se, dizia Ravaisson, a liberdade sofre «a lei primordial e a forma mais geral do ser, a tendência em perseverar no próprio ato que constitui o ser»([54]). A finitude prática é esta forma de perseverança.

Esse novo aspeto da finitude não é, tal como não o eram os precedentes, uma infelicidade. Esta inércia é o reverso da minha capacidade. Não há querer sem poder, não há poder que não seja forma contraída. Não há Cogito atual sem um Cogito antigo e abolido, tornado saber e ter, e que, nesse sentido, se torna inatual. Ninguém compreendeu melhor que Ravaisson esta dialética entre o *poder disponível* e a *forma contraída* no seio do Hábito([55]).

([54]) Felix Ravaisson, *De l'habitude* (Paris: Alcan, 1927), p. 22. Tradução portuguesa: «Do Hábito» in *Revista Ideação* n.º 37 (janeiro/junho 2018): 172-202.

([55]) Veja-se *Le Volontaire et l'involontaire, op. cit.*, p. 310.

Seria possível retomar os mesmos temas a partir de uma análise temporal e mostrar a mesma dialética entre inovação e sedimentação.

Assim, a finitude é, em primeiro lugar, perspetiva, depois dileção de si, depois inércia ou forma de perseverança. Ou, se se quiser generalizar a ideia de perspetiva para lá do seu núcleo de sentido, isto é, para lá do seu uso na fenomenologia da perceção, dir-se-ia que o amor de si-mesmo e a figura habitual que a minha existência «contrai» constituem a perspetiva afetiva e prática da minha existência.

c) *Carácter*

Estes diversos aspetos da finitude – perspetiva, dileção originária de si mesmo, perseverança e inércia – vêm agrupar-se na noção de carácter. O que este lhes acrescenta é a consideração de uma totalidade, a totalidade finita da minha existência. O carácter é a abertura finita da minha existência tomada como um todo.

Mas como poderei eu considerar a minha existência como uma totalidade finita? Distinguir-se-á esta limitação da de uma grandeza? Parece que não, pelo menos para o senso comum que não vê outra coisa no carácter para lá desta possibilidade que cada um oferece a outrem de traçar o seu «retrato». Ora, o retrato é ao mesmo tempo uma figura *fechada*, um contorno bem delineado, que destaca a forma do fundo, e uma soma finita de marcas distintivas, elaborada por um espectador estranho. Esta metáfora do «retrato» orienta para uma ideia totalmente inexata do carácter e do seu tipo de finitude. A própria caracterologia, mal compreendida, arrisca manter a ilusão de que se poderia reconstituir o carácter com um número finito de componentes simples, tais como a emotividade, a atividade, a secundariedade, combinadas de forma variável. Mas esta finitude da fórmula caracterológica exprime apenas a incapacidade da nossa combinatória abstrata. Ela manifesta a pobreza dos tipos médios, desses «seres de razão» que nos ajudam a reconhecer pragmaticamente um indivíduo e nos autorizam a esperar dele um comportamento provável. Em relação à finitude da fórmula caracterológica, o indivíduo é infinito. De facto, uma fórmula deste tipo continua tributária do pensamento classificador. Ora, como bem viu Kant, a lei da especificação exige a divisão até ao infinito dos géneros em espécies e subespécies, porquanto nenhuma espécie pode, em si mesma, ser considerada como uma espécie derradeira([56]).

A finitude não é, portanto, a da fórmula caracterológica numa *ciência* dos caracteres. Então, que finitude será essa?

É aqui que é preciso tentar interpretar a ideia de carácter a partir da ideia de perspetiva ou de ponto de vista que nos apareceu originariamente ligada à de abertura. Só ela pode fazer-nos compreender que o carácter é um limite inerente à função mediadora do corpo próprio, a estreiteza original da minha abertura.

Mas como passar da ideia de perspetiva à ideia de carácter? A minha perspetiva era uma finitude *percetiva*, quer dizer, o aspeto finito da minha abertura ao mundo enquanto mundo das *coisas*; a noção de ponto de vista era, pois, correlativa da aparição de certas *constantes de aparição*, às quais Hegel chama o «resultado tranquilo» no qual o futuro se afunda; o fluxo do aparecer enreda-se nas concreções do futuro, nos centros de realidades, e a minha vida de consciência supera-se e repousa nessas unidades reais; para elas vai a minha crença originária.

A noção de perspetiva designava assim a minha finitude relativamente à coisidade [*choséité*] da «coisa». A perspetiva constitui a minha finitude para a coisa.

Como falar da minha finitude em todos os seus aspetos? Seria preciso recuar do retrato exterior, da fórmula caracterológica, à unidade de estilo, ao valor fisionómico do carácter «na primeira pessoa». Não é absolutamente impossível, se se estiver atento ao alcance revelador das «expressões» no sentido lato da palavra. Bergson, na sua célebre análise do ato livre, apercebeu-se do proveito que a reflexão filosófica podia retirar desses atos e desses sentimentos que «representam cada um a alma inteira, no sentido em que todo o conteúdo da alma se reflete em cada um deles»(*). Entre certos atos reflexivos e «a personalidade inteira» existe, diz, «essa indefinível semelhança que por vezes se encontra entre a obra

([56]) Kant, «Do uso regulativo das ideias da razão pura» in *Crítica da Razão Pura*, *op. cit.*, A 656, pp. 541-542.

(*) Bergson, *Essai sur les données immédiates de la conscience*, edição de Paul-Antoine Miquel, com introdução e notas de Emmanuel Picavet (Paris: GF Flammarion, 2013), p. 124. Tradução portuguesa: *Ensaio sobre os Dados Imediatos da Consciência*, tradução de João da Silva Gama (Lisboa: Edições 70, 1988), p. 116. [*N. dos T.*]

e o artista» (*). A questão de saber se esses atos altamente expressivos são precisamente o que se está a procurar com a designação de ato livre não nos interessa aqui, mas apenas a totalidade que se revela através deles. O facto notável é que o carácter representa uma totalidade que não se dá senão nos indícios de uma expressão. Certos sentimentos são expressivos no sentido em que: «cada um de nós tem a sua maneira de amar e de odiar, e este amor, este ódio, refletem a nossa personalidade inteira» (**). A «profundidade» do sentimento não é senão esta capacidade de expressão total: «Esses sentimentos, contanto que tenham atingido uma profundidade suficiente, representam cada um a alma inteira» (***); o carácter – Bergson chama-lhe personalidade – está inteiramente num só de entre eles, «contanto que se saiba escolher» (****).

Poderíamos chamar a esta totalidade manifestada por um só ato ou um só sentimento bem escolhido *o campo total de motivação* (aquilo que Bergson sugere ainda com esta bela expressão: «nossa ideia pessoal da felicidade e da honra» [*****]). A ideia de campo de motivação tem um aspeto menos ético e mais psicológico do que a noção bergsoniana. Além disso, ela possui a vantagem de recordar que o carácter não constitui de modo algum um retrato que se pudesse traçar do exterior, mas que deve ser retomado coincidindo com um desses atos altamente expressivos, com um desses sentimentos profundos vivenciados em mim mesmo ou compreendidos em outrem.

Que significa, então, a finitude do carácter? Longe de ser uma coisa circunscrita, trata-se da *abertura limitada do nosso campo de motivação tomado no seu conjunto*. Aplicamos, assim, a dialética entre abertura e fechamento, elaborada por ocasião da perspetiva da perceção, à noção de campo total de motivação, alcançada por meio da expressão. O carácter, a que chamámos noutro lugar a maneira finita da liberdade, aparece-nos agora, após o desvio pela ideia de perspetiva, como a orientação perspetivista do nosso campo de motivação considerado no seu conjunto.

(*) *Ibid.*, p. 120 [*N. dos T.*]

(**) *Ibid.*, p. 115 [*N. dos T.*]

(***) *Ibid.*, p. 116 [*N. dos T.*]

(****) *Ibid.* [*N. dos T.*]

(*****) *Ibid.*, p. 119 [*N. dos T.*]

Esta ligação entre a abertura e o fechamento ao nível da «alma inteira» pode ser explicitada da seguinte maneira: a abertura do meu campo de motivação é a minha acessibilidade de princípio a todos os valores de todos os homens através de todas as culturas. O meu campo de motivação é abertura ao humano no seu conjunto. É o sentido da famosa frase: «nada de humano me é estranho». Sou capaz de todas as virtudes e de todos os vícios; não existe nenhum signo do homem que seja radicalmente incompreensível, nenhuma língua radicalmente intraduzível, nenhuma obra de arte que o meu gosto não possa alcançar. A minha humanidade é esta acessibilidade de princípio ao humano fora de mim. Ela faz de todo o homem meu semelhante.

O meu carácter não representa o contrário desta humanidade: ele é esta humanidade, apercebida a partir de determinado lado; é a cidade inteira percebida a partir de um certo ângulo; é a totalidade parcial; nas palavras de Alain, que compreendeu melhor do que ninguém a paradoxal síntese do universal e do singular na pessoa: «qualquer que seja o corpo humano, todas as paixões são possíveis (...), isto é sempre verdade consoante a fórmula de vida inimitável que cada um tem para si. Existem tantas maneiras de se ser malvado e infeliz como homens no planeta. Mas há também uma salvação para cada um, e própria para ele, da mesma cor, do mesmo pelo que ele» (*). É preciso acreditar que todos os valores estão acessíveis a todos os homens, mas sempre de uma maneira que seja apropriada a cada um. É nesse sentido que «cada um» é «homem».

É essa a razão pela qual o meu carácter nunca é percebido em si mesmo; não o é mais do que a origem da perceção não é, em si mesma, objeto de perceção. Não viso a «minha» ideia pessoal da felicidade e da honra, mas «a» felicidade e «a» honra. O «meu» carácter está implicado na humanidade da minha existência singular como a origem zero do meu campo de motivação. Também não o encontro como um limite exterior, porque ele não é um destino que governa a minha vida do exterior, mas a maneira inimitável como exerço a minha liberdade de homem. Não o adivinho e não o designo a não ser de modo ilusório, no sentimento da diferença que faz de mim um outro em relação a

(*) Émile-August Chartier (Alain), *Propos sur l'éducation* (Paris: PUF, 1967), LVII, p. 111. [*N. dos T.*]

qualquer outro. Ou antes: outro em relação ao meu semelhante; porque outrem é um homem semelhante mas com um carácter diferente. De igual modo, não posso apreender a singularidade de um carácter à margem da sua universal humanidade, tal como não posso dissociar a estreiteza de um ponto de vista percetivo da sua abertura para um panorama de objetos, e, para lá destes, para um horizonte de percetibilidade sem fim.

O carácter é a estreiteza dessa «alma inteira» da qual a humanidade constitui a abertura. Juntos, o meu carácter e a minha humanidade fazem da minha liberdade uma possibilidade ilimitada e uma parcialidade constituída.

Esta parcialidade constituída ajudar-nos-á a dar o último passo. O carácter, afirmámos, não é um destino que me governa de fora. E, todavia, é, de certa forma, destino; e isso de duas maneiras: em primeiro lugar, enquanto imutável; e, depois, na medida em que é recebido, herdado.

Como introduzir esses dois aspetos «de destino» [*destinaux*] do carácter sem o reduzir de novo a uma coisa? Uma última reflexão sobre o tema da perspetiva irá auxiliar-nos aqui.

A imutabilidade do carácter não é outra coisa, afinal, senão o aspeto mais radical, mais originário, por assim dizer, da ideia de origem perspetivista. A origem zero da perceção, aquilo a que chamamos o nosso ponto de vista, também não é uma verdadeira origem. Posso mudar a origem de todas as minhas representações [*spectacles*]: é uma questão de movimento. Mas se posso mudar de lugar, não posso mudar de carácter; *não existe nenhum movimento mediante o qual eu poderia alterar a origem zero do meu campo total de motivação*; não existe sequer movimento espiritual que tenha a virtude de mudar a origem das minhas mais fundamentais avaliações. A conversão mais radical nunca conseguiria ser uma mudança de carácter, sob pena de fazer de mim não só uma «nova criatura» como *outro* indivíduo: a minha vida pode ser orientada relativamente a uma nova constelação de estrelas fixas, isto é, em relação a um novo núcleo de valores que não são recolocados em questão pelos valores mediatos e mais próximos da vida comum. Mas é ainda pela mesma mão e com o mesmo pelo, como dizia Alain, que serei generoso e que terei sido avaro.

Chego assim à ideia de uma origem *imóvel*, no sentido literal da palavra, de todas as minhas *mudanças* de pontos de vista, de uma perspetiva imutável, no sentido em que não posso «entrar» ou «sair» dela. É nesse sentido que o meu carácter representa a origem radicalmente não escolhida de todas as minhas escolhas.

Podemos fazer a transição entre o carácter como imutável e o carácter como herdado, tecendo a consideração seguinte.

Se não posso mudar de carácter, se não posso eleger ou renegar a sua perspetiva, é preciso dizer não somente que o carácter é imutável, como também que ele é indiscernível do facto da minha existência. Que quero eu dizer quando chamo ao meu carácter um facto? Isto: até onde me recordo, eu era *já* esta abertura finita para a universal condição humana. Não há começo nesta situação que pertença à consciência e que seja suscetível de ser repetida numa escolha de mim mesmo. Todos os pontos de vista partem desta origem não posta de todas as minhas posições assumidas; o meu carácter não resulta de uma tomada de posição.

Ora, não digo outra coisa quando digo que *nasci*. O meu nascimento designa esse facto primordial de a minha existência ser ela mesma um facto. Para os outros foi um evento; para mim, ela representa o limite fugidio aquém de todas as minhas memórias mais remotas, o começo sempre anterior no qual se afunda a memória balbuciante da minha infância; esse evento para os outros assinala, para mim, o meu estado de já ter nascido. O meu nascimento não é, pois, nada mais do que o meu carácter. Dizer que nasci, é apenas assinalar o meu carácter como aquilo que encontro. O meu nascimento designa o «ter sido» [*ayant été*], o indício do passado que adere ao estado de existir. O meu nascimento é o já aí [*déjà là*] do meu carácter.

Esta origem originária, basta que a oponha a mim mesmo, que a trate como objeto, que, por conseguinte, esqueça a sua função de polo de perspetiva, para que ela me apareça como uma fatalidade exterior, como um decreto irrevogável que pesa do exterior sobre a minha vida. É assim que nasce a caricatura do carácter à qual chamámos o retrato ou a fórmula caracterológica. Mas era preciso fazer o longo desvio da interpretação perspetivista do carácter para descobrir o próprio destino como uma função da existência na primeira pessoa.

Mas, por outro lado, o meu nascimento fala-me da minha existência como recebida; não apenas encontrada *aí*, mas dada por *outros*. Fui posto no mundo; descendo dos meus pais; eles são a minha ascendência. Ora, ignoro o que significa esta doação que me faz herdeiro da minha própria vida. Aqui, mais do que em qualquer outro lugar, a vertigem da objetivação ameaça-me. Quando penso nos meus antepassados como sendo exteriores a mim [*hors de moi*], o meu nascimento aparece-me subitamente como uma combinação entre outras. A minha existência, recolocada deste modo no campo dos encontros objetivos, surge-me, antes de mais, como fortuita, arbitrária e, por assim dizer, improvável; depois, logo a seguir, tendo em conta todos os encontros, parece-me que já não sou senão o resultado necessário de todos esses cruzamentos, o portador de um capital hereditário que aliena totalmente a minha liberdade. Esta mistura entre *contingência* nos encontros e *necessidade* no resultado é propriamente o destino do meu nascimento.

Mas esta «hereditariedade» que me anuncia que, na origem de todos os meus projetos de autonomia, sou dependente, não devo colocá-la fora de mim, diante de mim, tal como há pouco também não o fiz em relação ao carácter. A minha hereditariedade constitui o meu carácter enquanto recebido de um outro; o meu carácter constitui a orientação originária do meu campo total de motivação, e esse campo de motivação constitui a minha abertura à humanidade. Assim, pouco a pouco, os aspetos mais «de destino» [*destinaux*] da finitude são retomados na dialética entre estreiteza e disponibilidade, cuja chave nos foi dada pela perspetiva de perceção.

A compreensão filosófica não vai da hereditariedade, objetivamente conhecida, até à perspetiva, subjetivamente percebida como que por trás da representação [*spectacle*] percecionada. Ela vai dessa representação [*spectacle*] oferecida e aberta até à sua origem perspetivista, e é esta que se enriquece progressivamente com todos os aspetos afetivos, práticos, que culminam nas noções de carácter, de natureza imutável e herdada. Nesse momento, o destino do carácter e da hereditariedade revela o seu sentido. Ele representa a estreiteza dada, factual, da minha livre abertura para o conjunto das possibilidades do ser-homem.

2. A felicidade

A «desproporção» entre sentido e perspetiva, entre querer dizer e olhar, entre verbo e ponto de vista é como que a célula melódica de todas as variações e de todos os desenvolvimentos que culminam na «desproporção» entre felicidade e carácter.

Esta «desproporção», como recordámos, atestava-se ela própria no simples facto da reflexão; afirmámos que a finitude do homem é tal que pode conhecer-se e dizer-se; e ela só pode dizer-se porque a palavra é já, em si mesma, transgressão do ponto de vista, da perspetiva finita.

Mas esta «desproporção» entre palavra e perspetiva era ainda somente o aspeto teórico da desproporção humana. Aquilo que nós agora procuramos expressar é o carácter *global* da desproporção.

Podemos tomar como guia, nesta tentativa de totalização, as iniciativas intermediárias que nos levaram a totalizar os aspetos de finitude na de carácter.

Na verdade, aquilo que visamos com o termo felicidade não é uma forma particular de transgressão ou de transcendência humana, mas a visão total de todos os aspetos de transgressão. Como afirma Aristóteles: «Toda a perícia e todo o processo de investigação, do mesmo modo que todo o procedimento prático e toda a decisão, parecem lançar-se para um certo bem. É por isso que tem sido dito acertadamente que o bem é aquilo por que tudo anseia.» ([57]). Mas então é o ato do homem([58]) (τὸ ἔργον τοῦ ἀνθρώπου[*]) na sua indivisão e totalidade que é preciso interrogar.

Pois bem, não é possível apreender imediatamente este «ato do homem»; é preciso constituí-lo progressivamente a partir do conceito teórico de Sentido; caso contrário, aquilo que designo como felicidade não será o soberano bem, isto é, «aquilo em vista do qual se faz tudo o resto»; a felicidade será então apenas o sonho vago de um «agrado da vida [agrado] que acompanha ininterruptamente toda a sua existência» ([59]) (o termo é de Kant, e não é por

([57]) Aristóteles, *Ética a Nicómaco*, tradução de António Caeiro (Lisboa: Quetzal, 2004), 1094a, 1-4, p. 19.

([58]) Aristóteles, *ibid.*, 1097b, 24, p. 29 [tradução modificada].

(*) Ricœur opta por traduzir aqui o termo *ergon* de forma literal, usando a palavra *ato* para verter o grego. A generalidade dos tradutores opta, normalmente, por interpretar esta passagem da *Ética a Nicómaco* como referindo-se ao questionamento sobre se existe ou não algo de específico (i.e., uma *tarefa* que seja a mais apropriada) para o homem/o humano. Por exemplo, Tricot, na tradução que Ricœur normalmente segue, traduz «ce qui est propre à l'homme», António Caeiro «a função específica do Humano» e David Ross «the function of man». Seguimos aqui a opção ricœuriana à letra. [*N. dos T.*]

([59]) Kant, *Crítica da Razão Prática*, tradução de Artur Morão (Lisboa, Edições 70, 1994), p. 32.

acaso que o evocamos a partir de agora). Em suma, a felicidade não será totalidade, totalidade de sentido e de contentamento, mas apenas soma de prazer, ou, como afirma Kant, princípio material da faculdade de desejar.

Existe, portanto, uma primeira ideia ingénua da felicidade que deve ser *reduzida* para que apareça o sentido pleno. Esta ideia ingénua é aquela que procede de uma análise imediata dos atos humanos considerados isoladamente. Esses atos tendem para uma consciência de resultado – satisfação ou supressão da pena –, na qual a ação encontra um repouso provisório. A imaginação errante prolonga indefinidamente esse ponto de repouso. Acreditando eternizá-lo, ela expande-o e perpetua-o. Permanece na perspetiva *indefinidamente* finita da dileção de si mesmo. A felicidade é outra coisa completamente diferente. Não é um termo finito. Deve ser para o conjunto dos visares humanos aquilo que o mundo é relativamente aos visares de perceção. Assim como o mundo representa o horizonte *da coisa*, a felicidade representa o horizonte em todos os aspetos. O mundo não é horizonte em todos os aspetos; ele é tão-somente a contrapartida de um género de finitude e de um género de atitude: a minha finitude e a minha atitude em relação à coisa. A ideia de mundo só é total numa dimensão; é apenas um infinito num género, o infinito no género da coisa; mas a «coisa» é uma abstração da realidade integral. Por isso, ainda é preciso superar a ideia de mundo rumo a uma ideia tal que não conseguiríamos concebê-la mais extensa, mais ampla do que aquilo que a experienciamos, como afirmava Descartes a propósito da vontade.

É aqui que uma análise imediata da desejabilidade humana que evitasse a etapa transcendental da reflexão se revela insuficiente. Ela não tem como distinguir entre esta totalidade de realização que é visada pelo «ato do homem» e o sentimento, prolongado pela imaginação, de ter alcançado um resultado, cumprido um programa, triunfado sobre uma dificuldade. Vemo-lo claramente a partir da análise aristotélica da felicidade: o estagirita limita-se a discernir a felicidade no visar de facto do desejo humano: «o princípio nesta matéria é o facto», afirma. Mas a reflexão psicológica direta não pode distinguir entre a totalidade de realização e uma simples soma de agrados: o «preferido supremo», «o único desejável» mantém-se misturado com o «viver bem».

Foi por isso que Kant teve de começar por excluir a felicidade da investigação sobre o «princípio» da moralidade, ao rejeitá-lo para o lado da capacidade de desejar e identificando-o com o amor-próprio: «a consciência que um ser racional tem do agrado da vida, [agrado] que acompanha ininterruptamente toda a sua existência, é a felicidade (*Glückseligkeit*), e o princípio de fazer desta felicidade o supremo princípio determinante é o princípio do amor de si» ([60]), e ainda: «ser feliz é necessariamente o anelo de todo o ser racional, mas finito...» ([61]).

Mas esta *epochê* [suspensão] da felicidade, compreendida como agrado duradouro da vida, recoloca o problema autêntico da felicidade como totalidade de realização.

Na verdade, não é a «faculdade de desejar» que se deveria poder interrogar, mas aquilo a que Aristóteles chamava o ἔργον humano, isto é, o projeto existencial do homem tomado enquanto indivisível. A investigação do agir humano e da sua visão mais vasta e mais definitiva revelaria que a felicidade é uma declinação do destino e não uma declinação de desejos singulares; é nesse sentido que é um *todo* e não uma *soma*; é no seu horizonte que se destacam os visares parciais, os desejos dispersos da nossa vida.

Mas como passarei eu da ideia de soma à de todo? A obra do homem, na medida em que é distinta da soma das suas intenções parciais, escapar-me-ia se eu não fosse capaz de associar o movimento de conjunto ao próprio projeto da razão que é, em mim, aquilo que *exige a totalidade*. É a exigência de totalidade ou razão ([62]) que me permite discernir entre a felicidade como soberano bem e a felicidade como adição de desejos saturados. Porque a totalidade que a «razão» «exige» é igualmente aquela que o ato humano «persegue»; o *verlangen* kantiano (pretensão, exigência, petição) é o revelador transcendental do sentido do ἐφίεσται aristotélico (perseguição, tendência, busca). Esta «exigência», diz Kant, perde-se na ilusão; mas o motivo desta mesma ilusão é «uma perspetiva (*Aussicht*) para uma ordem mais elevada, imutável, das coisas, na qual já agora nos encontramos e em que podemos ser instruídos mediante preceitos determinados a prosseguir a nossa existência em conformidade com a suprema determinação da razão» ([63]). Esse texto denso e admirável – esta «perspetiva para», esta «ordem na

---

([60]) *Ibid.*, p. 32.

([61]) *Ibid.*, p. 36.

([62]) *Ibid.*, p. 125 [tradução modificada].

([63]) *Ibid.*, p. 126.

qual já agora nos encontramos», esta continuação da nossa existência conforme ao destino, à atribuição da razão – não será esta totalidade de *contentamento* que procuramos sob o nome de felicidade, mas filtrada, de certa forma, pela exigência de totalidade de sentido que é a razão? Kant, é verdade, ainda não lhe chama felicidade, mas «a totalidade incondicionada do *objeto* (*Gegenstand*) da razão pura prática» ([64]). É esse «objeto total» da razão prática que exige que seja recuperada a ideia de felicidade. Excluída do princípio de moralidade, ela resulta agora da dialética da razão pura prática, isto é, da completude da moralidade e da escatologia da liberdade. Não há dúvida de que, no kantismo, a ideia de felicidade só é salva como felicidade merecida e não desejada. Sem subestimar a importância desta moralização da felicidade, não se poderá colocar a tónica mais na petição da razão que faz surgir a virtude apenas como desigual a este «objeto total» da razão do que na coloração moral da felicidade pela virtude que a *merece*? Que a virtude *mereça* a felicidade, isso é menos importante do que o facto de a razão *exigir* a adjunção da felicidade à virtude para que o bem seja completo e perfeito. «Com efeito, ter necessidade da felicidade, ser também dela digno e, apesar de tudo, dela mesma não participar, eis o que não pode conciliar-se com o querer perfeito de um ser racional que possuiria ao mesmo tempo todo o poder, se apenas tentativamente imaginarmos um tal ser.» ([65])

Eu, que sou perspetiva finita, dileção do meu corpo, hábito e inércia, carácter, sou capaz de formar a ideia do «querer perfeito de um ser racional que possuiria ao mesmo tempo todo o poder»; ou, para recuperar uma outra expressão kantiana evocada anteriormente, sou portador da «destinação suprema da razão» em conformidade com a qual posso «continuar a minha existência». Esta ideia do querer perfeito e este destino da razão abrem no meu desejo uma profundidade infinita e fazem dele o desejo da felicidade e não somente o desejo do prazer.

A ideia de totalidade, por conseguinte, não consiste apenas numa regra para o pensamento teórico. Ela habita o querer humano. Torna-se, então, a origem da «desproporção» mais extrema: a que molda o *agir* humano e o distende entre a finitude do carácter e a infinidade da felicidade.

([64]) *Ibid.*

([65]) *Ibid.*, pp. 129-130.

Como aparece esta «desproporção»?

O «carácter», como vimos, nunca é olhado. Não é objeto, mas origem. É de acordo com a maneira finita do meu carácter que me abro ao humano no seu conjunto. Todo o humano – ideias, crenças, valores, signos, obras, instrumentos, instituições – me é acessível segundo a perspetiva finita de uma fórmula de vida absolutamente singular. Não é o meu carácter, não é a minha singularidade que eu considero quando acedo desta maneira aos signos do homem, mas a humanidade desses signos. O meu carácter é a origem zero da minha consideração: atinjo-o somente por meio de uma espécie de alusão reflexiva à estreiteza de campo da minha consideração.

É de outra maneira, no polo oposto à anterior, que a felicidade é designada pela minha experiência. Da mesma forma que recolho indícios da minha estreiteza de perceção – nem que seja apenas pela constituição de outrem –, também recolho signos da minha destinação à felicidade. São experiências privilegiadas, instantes preciosos, nos quais recebo a garantia de estar na direção certa; de repente, o horizonte é desobstruído, e possibilidades ilimitadas abrem-se diante de mim; o sentimento do «imenso» responde então dialeticamente ao sentimento do «estreito».

Voltemos à noção de campo total de motivação que nos serviu para sugerir a ideia de carácter. Ela não designa outra coisa a não ser um corte instantâneo naquilo que acabámos de designar como «a obra do homem» ou o seu «projeto existencial». Diremos, portanto, que o campo total de motivação é um campo *orientado*; o carácter representa a origem zero desta orientação de campo, e a felicidade é o termo finito desta orientação. Esta imagem permite compreender que a felicidade não é dada em nenhuma experiência; é apenas designada numa consciência de direção. Nenhum ato dá a felicidade. Mas os encontros da nossa vida mais dignos de ser chamados «eventos» indicam a direção da felicidade. «Não há evento que não tenha sentido, lembra Thévenaz. É pelo facto de *ser* um sentido, e um sentido reconhecido, que é evento» ([66]). Os eventos que falam de felicidade são aqueles que removem obstáculos e descobrem uma vasta paisagem de existência. O excesso de sentido, o demasiado, o imenso, é este o signo que revela que estamos «dirigidos-para» a felicidade.

([66]) Pierre Thévenaz, *L'Homme et sa raison*, volume II (Neuchâtel: La Baconnière, 1956), p. 136.

No entanto, se a razão não fosse em mim a exigência da totalidade, eu não diferenciaria esses sinais, não os decifraria como «antecipações transcendentes» da felicidade([67]). A razão exige a totalidade, mas o instinto da felicidade, enquanto sentimento que antecipa a realização mais do que a dá, assegura-me que estou *dirigido para* isso mesmo que a razão *exige*. É a razão que abre a dimensão da totalidade, mas é a consciência de direção experimentada no sentimento da felicidade que me assegura que esta razão não me é estranha, que ela coincide com o meu destino, que lhe é interior, e, por assim dizer, co-originária.

3. O respeito

Existirá, nalgum lado, uma síntese entre a felicidade e o carácter? Seguramente. E essa síntese é a pessoa. A pessoa é o *Si* que faltava à consciência em geral e que é o equivalente da síntese do objeto, do «Eu» do *Eu penso* kantiano.

Mas estaríamos muito enganados se considerássemos essa síntese como sendo uma síntese dada, e que se daria a si mesma na imediatez de si. A pessoa continua a ser uma síntese projetada, uma síntese que se capta a si mesma na representação de uma tarefa, de um ideal da pessoa. O Si é visado, mais do que vivido. Ousaria dizer que a pessoa ainda não é consciência de si para si-mesmo; é apenas consciência de si na representação do ideal de Si. Não há experiência da pessoa em si e para si.

Assim sendo, temos de proceder com a síntese prática como procedemos com a síntese teórica. Em primeiro lugar, é necessário que nos apoiemos nesse novo objeto representado e projetado que constitui a personalidade da pessoa, da mesma maneira como nos tínhamos apoiado na constituição da coisa, tal como ela se objetifica para nós. Só assim é que é possível proceder reflexivamente e procurar as condições dessa personalidade da pessoa.

É nesse movimento reflexivo que nos aparecerá pela segunda vez a fragilidade do homem. Essa fragilidade mostra-se na dissociação nascente do novo «intermediário» por meio do qual a síntese prática se opera. É-nos então proposta uma análise semelhante à da

([67]) Stephan Strasser, *Das Gemüt* (Utrecht e Friburgo: Herder Verlag, 1956), pp. 238 e ss.

imaginação transcendental «arte oculta nas profundezas da alma humana»(*), no fim da qual a fenomenologia da falibilidade terá dado o seu segundo passo decisivo. Mas, ao mesmo tempo, ver-se-á que esse segundo passo não pode ser o último, uma vez que a nossa reflexão continuará a ser formal, não tendo escapado a um formalismo transcendental a não ser para entrar num formalismo prático, o formalismo da ideia de pessoa.

Aquilo que temos de estabelecer em primeiro lugar é que a pessoa é, antes de mais, um projeto que eu me represento, me oponho e me proponho e que esse projeto da pessoa é, tal como a coisa, mas de uma maneira absolutamente irredutível, uma «síntese» operada.

Esse projeto é aquilo a que chamo a *humanidade*. Não o conjunto de todos os homens, mas a qualidade humana do homem; não a enumeração exaustiva dos seres humanos, mas a significação compreensiva do humano suscetível de guiar e regular a enumeração dos humanos.

A humanidade é a personalidade da pessoa, tal como a objetividade era a coisidade; é o modo de ser de acordo com o qual se deve regular toda a aparição empírica daquilo a que chamamos um ser humano; é, em linguagem heideggeriana, a constituição ontológica dos «entes» humanos.

É essa constituição que projeto quando penso o homem, quando o declaro humano.

(*) Kant, *Crítica da Razão Pura, op. cit.*, A 141 / B 180, p. 184. Ricœur cita «art caché dans les profondeurs de la nature» o que, literalmente, teria de se traduzir como «(...) profundezas da natureza». Dado que Ricœur não indica claramente a origem desta passagem, estando a referir-se à imaginação transcendental, a única hipótese plausível é que se esteja a reportar à famosa passagem sobre o esquematismo na *Crítica da Razão Pura*, na qual a referência de Kant é, de facto, à «alma humana» e não à «natureza»: no alemão «Dieser Schematismus (...) ist eine verborgene Kunst in den Tiefen der menschlichen Seele»; assim sendo, parece provável que esta citação de Ricœur contenha um pequeno lapso, até porque, no seguimento da passagem, já citada acima, na sua totalidade por Ricœur, Kant indica que a chave do segredo desta «arte oculta» (que nunca descobriremos) se encontraria na natureza: «(...) alma humana, cujo segredo de funcionamento dificilmente poderemos alguma vez arrancar à natureza», *Crítica da Razão Pura, ibid.* Assim sendo, optamos por corrigir este provável lapso. [*N. dos T.*]

Em que consiste essa constituição do ser-homem? Na verdade já o sabemos, uma vez que só pudemos elaborar as duas noções antitéticas de carácter e de felicidade a partir do projeto do homem e como antecipação desse projeto, tal como só pudemos elaborar as noções de sentido e perspetiva a partir da coisa e na coisa, ao considerar, sucessivamente, que ela me afeta pelas suas aparições unilaterais, pelas suas silhuetas, e que a penso na unidade do seu sentido pressuposto, significado e dito.

Da mesma maneira, foi baseando-nos *na* ideia de homem que revelámos aquilo a que chamámos a perspetiva afetiva, a perspetiva prática e, por fim, a perspetiva singular do carácter: ele mais não é do que a estreiteza do meu acesso a todos os valores de todos os homens ao longo de todas as culturas. Por conseguinte, não pudemos refletir sobre o carácter a não ser a partir de uma ideia mal tematizada, a de um campo de motivação definido por essa acessibilidade ao humano no seu todo. Se digo, com Alain, que sou capaz de todos os vícios e de todas as virtudes, mas «consoante a fórmula de vida inimitável que cada um tem para si», pressuponho, ao postular a singularidade de cada um, o próprio homem. Se, portanto, o carácter não deve ser uma coisa ou um retrato estático visto de fora, ele é uma perspetiva sobre a humanidade. A semelhança humana está implicada na alteridade mútua dos caracteres singulares.

Mas o polo oposto ao carácter, o da felicidade, não o concebo a não ser como o ponto extremo da obra do homem. Eu não conceberia a ideia de felicidade se não concebesse a de uma destinação, de uma meta dirigida ao homem que, como vimos, é regulada pela exigência de totalidade; é porque o homem exige a totalidade do sentido que o seu desejo se volta para a felicidade enquanto totalidade do sentido e do contentamento.

Se, portanto, não penso o carácter e a felicidade a não ser *na* ideia de homem, o que é que penso ao pensar o homem? Seguramente, penso uma simples forma. Mas uma forma que prescreve, desde logo, uma «síntese».

Que síntese? Lembramo-nos de que a objetividade mais não era do que a espera de uma realidade simultaneamente suscetível de aparecer, afetando-me na minha recetividade e de se deixar determinar por uma palavra articulada. Com a forma da pessoa, proponho uma síntese de um novo género: a de um fim da minha ação, que, ao mesmo tempo, seria uma existência. Um fim, por conseguinte, um termo ao qual se subordinam todos os meios e todos os cálculos de meios; melhor, um fim em si, isto é, algo cujo valor não está subordinado a nada; e, ao mesmo tempo, uma existência que se constata ou, por outra, uma presença com a qual se entra em relações de compreensão mútua, troca, trabalho, sociedade.

A esse respeito, as indicações de Kant são bastante instrutivas; e são-no ainda mais se tivermos em conta que ele não meditou especialmente a propósito da simetria entre a síntese da coisa e a síntese da pessoa, tão preocupado que estava em reduzir a pessoa um mero «exemplo» da lei (veremos, depois, a que preocupação responde o nosso esforço para libertar essa constituição da pessoa do jugo da moral). Afirma Kant que «os seres razoáveis se chamam *pessoas*, porque a sua natureza os distingue já como fins em si mesmos» ([68]). «O homem, e, duma maneira geral, todo o ser racional, *existe* como fim em si mesmo, *não só como meio* para o uso arbitrário desta ou daquela vontade» ([69]). De acordo com uma expressão ainda mais impressionante, cuja brevidade revela de forma surpreendente a constituição «sintética» da pessoa, esta é uma «*existência* [tendo] *em si-mesma* um valor absoluto» ([70]) ou ainda «um fim objetivo, ou seja, uma coisa cuja existência é um fim em si». É essa síntese entre a razão e a existência na ideia de fim em si que Kant enuncia na proposição menos aproximada de todas aquelas que acabámos de enumerar: «a natureza racional existe como fim em si» ([71]).

Assim, o Si, o Si como pessoa, é primeiramente dado numa intenção. É ao pôr [*poser*] a pessoa como fim existente que a consciência se torna consciência de si. Esse si ainda é um si projetado, tal como a coisa ainda era o projeto daquilo a que chamámos «consciência». A consciência de Si é, como a consciência da coisa, uma consciência intencional. Mas enquanto a intenção da coisa era uma intenção teórica, a intenção da pessoa é uma intenção prática; ainda não é uma plenitude experienciada, é um «por-ser»;

([68]) Kant, *Fundamentação da Metafísica dos Costumes*, tradução de Paulo Quintela (Lisboa: Edições 70, 2005), p. 68.

([69]) *Ibid.*

([70]) *Ibid.*, p. 67 [tradução modificada].

([71]) *Ibid.*, p. 69.

a pessoa é «por-ser»; e a única maneira de aceder a ela é «fazê-la ser». Ou, em linguagem kantiana: a pessoa é uma maneira de tratar o outro e de se tratar a si mesmo. É por isso que Kant formula o imperativo nos seguintes termos: «*Age de tal maneira que uses a humanidade, tanto na tua pessoa como na pessoa de qualquer outro, sempre e simultaneamente como fim e nunca simplesmente como meio.*» ([72]) A humanidade é a maneira de tratar os homens, tanto a ti como a mim. Não se trata de ti, nem de mim, mas do ideal prático do «Si», que reside em ti tanto como em mim.

Se, portanto, a pessoa é antes de mais o ideal da pessoa e, mais precisamente, «a síntese» entre a razão e a existência, entre o fim e a presença, deve ser possível retroceder dessa ideia até à vivência na qual ela se constitui.

É num sentimento moral específico, ao qual Kant chamou o respeito, que essa síntese da pessoa se constitui. Assim, há uma semelhança impressionante entre a situação do respeito na filosofia prática de Kant e a da imaginação transcendental na filosofia teórica. É da imaginação transcendental que a síntese do objeto procede; é na imaginação transcendental que se encontram os dois polos do entendimento e da recetividade. E é também do respeito que procede a síntese da pessoa como objeto ético. Veremos de que «desproporção» o respeito será a frágil síntese subjetiva.

Por agora façamos então de Kant o nosso companheiro de viagem, reservando-nos o direito de, mais tarde, alargar a perspetiva estritamente moral da análise do respeito([73]).

([72]) *Ibid.*

([73]) Estou perfeitamente consciente de estar aqui a desviar-me do cerne da análise kantiana do respeito. Para Kant, o respeito é respeito pela lei, e a pessoa não é mais do que um exemplo disso. Utilizo, portanto, o kantismo livremente, ao colocar o respeito e a pessoa numa relação direta de intencionalidade. Porém, ao trair a ortodoxia kantiana, creio libertar a filosofia kantiana da pessoa, que é esboçada na *Fundamentação da Metafísica dos Costumes* e depois suprimida na *Crítica da Razão Prática* [nota dos tradutores: Ricœur mencionava aqui a *Crítica da Razão Pura*, mas, pelo contexto, percebe-se que se tratará de um lapso, pelo que corrigimos a referência], sendo esta última totalmente consagrada a elucidar a síntese da vontade e da lei na autonomia. A *Fundamentação da Metafísica dos Costumes* esboça um desenvolvimento que dificilmente se deixa reduzir à mera pesquisa do fundamento da autonomia e que visa restituir uma certa plenitude à reflexão moral, em sentido inverso ao da formalização necessária para a elaboração do puro imperativo formal.

Tal como a imaginação transcendental era o terceiro termo, homogéneo quer em relação ao entendimento, quer à sensibilidade, o *respeito* também é um paradoxal «intermediário» que pertence simultaneamente à sensibilidade – isto é, neste caso, à faculdade de desejar – e à razão, ou seja, nesta ocasião, à potência de obrigação que procede da razão prática. A imaginação era a condição da síntese no objeto, o respeito é a condição da síntese na pessoa.

Com efeito, é um intermediário paradoxal, já que se poderia dizer do respeito, de forma ainda mais justa do que se afirmou da imaginação transcendental, que permanece uma «arte oculta nas profundezas da alma humana». Sendo claro no seu objeto, a humanidade da pessoa, ele é, no entanto, em si mesmo essa coisa obscura a que Kant chamava um móbil *a priori* do qual só podemos falar aproximando termos opostos sem que, no entanto, se mostre a sua verdadeira unidade. Depois de ter demonstrado que a razão pura só é prática se excluir a faculdade de desejar «a razão pura é prática por si mesma e dá ao homem uma lei universal à qual chamamos a lei moral»; «não só que a razão pura pode ser prática, mas que só ela, e não a razão empiricamente limitada, é incondicionalmente prática» ([74]) – é preciso estabelecer que a razão só é prática se «influenciar» a faculdade de desejar.

É essa busca de plenitude que as fórmulas sucessivas do imperativo categórico pretendem colmatar, as quais recorrem sucessivamente à ideia de natureza, depois de pessoa e, finalmente, de reino. O próprio Kant sugere a ideia de poder haver aí algo mais do que uma simples ilustração da regra formal, algo como a contrapartida possível do formalismo; afirma Kant que «Todas as máximas têm, com efeito: 1) uma *forma*, que consiste na universalidade (...); 2) uma *matéria*, isto é, um fim (...); 3) uma *determinação completa* de todas as máximas por meio daquela fórmula (...). O progresso aqui efetua-se como que pelas categorias da *unidade* da forma da vontade (universalidade dessa vontade), da *pluralidade* da matéria (dos objetos, i.e., dos fins) e da *totalidade* do sistema dos mesmos». (Kant, *Fundamentação da Metafísica dos Costumes, op. cit.*, pp. 79-80). Esta indicação preciosa, que Kant imediatamente limita, ao estabelecer que essa progressão só serve para aproximar a razão da intuição e, por isso mesmo, do sentimento, é um convite a que se considere a filosofia da pessoa, não como uma ilustração, mas como a passagem da «forma» à «matéria», na direção que vai até à «determinação» completa de todas as máximas, a qual só é atingida com a ideia de um reino dos fins.

([74]) Kant, *Crítica da Razão Prática, op. cit.*,, A 30, p. 24.

Compreende-se porquê: se a razão fosse só «princípio» e não «móbil», permitiria julgar, apreciar, condenar, mas não determinaria a ação; não seria prática, mas apenas crítica, no sentido moral da palavra. É, portanto, necessário que a lei desça até à própria máxima da ação, ou seja, que atinja o seio da livre escolha, o qual não se deixa imediatamente convencer pela lei, sendo que, segundo afirma a *Fundamentação da Metafísica dos Costumes*, «está colocada entre o seu princípio *a priori*, que é formal, e o seu móbil *a posteriori*, que é material, por assim dizer numa encruzilhada» ([75]). O princípio só será prático se o dever mover o querer. Eis porque o «princípio» se deve transformar em «móbil» – se chamarmos móbil ao «princípio de determinação subjetivo da vontade de um ser, cuja razão não é necessariamente conforme à lei objetiva, já em virtude da sua natureza» ([76]).

Portanto, o enigma do respeito é mesmo o da síntese prática entre a razão e a finitude, ou seja, o do terceiro termo. Por um lado, a razão «influencia» a faculdade de desejar: há portanto que forjar a ideia de um sentimento *a priori*, isto é, produzido pela razão, sendo que esta se torna «motivo para fazer dessa própria lei uma máxima» ([77]); por outro lado, a sensibilidade torna-se «acessível» à razão. Que esse «acesso» seja experienciado como um constrangimento, uma ferida, do desejo subjugado, isso é natural no regime da decadência que é pressuposto pelo moralista, e a análise kantiana sublinha com força os aspetos negativos dessa influência. O essencial é que através dessa emoção do desejo subjugado a faculdade de desejar «ascenda» à razão e que, assim, a estima de si nasça no seio da finitude que ascende à razão; essa estima atesta que a lei «encontra por si mesma acesso n a alma» ([78]).

A constituição paradoxal do «respeito», tal como a da imaginação transcendental, atesta que esse sentimento, no qual repousa a síntese prática, não se pode refletir sem se quebrar. No respeito, sou sujeito que obedece *e* soberano que ordena; mas só posso representar essa situação como uma *pertença* dupla, [e], «portanto, a pessoa, enquanto pertencente ao mundo sensível, está submetida

---

([75]) Kant, *Fundamentação da Metafísica dos Costumes*, *op. cit.*, p. 30.
([76]) Kant, *Crítica da Razão Prática*, *op. cit.*, A 127, p. 87.
([77]) *Ibid.*, A 135, p. 92 [tradução modificada].
([78]) *Ibid.*, A 154, p. 102. [tradução modificada].

à sua própria personalidade na medida em que ela pertence igualmente ao mundo inteligível» ([79]). Nessa dupla pertença inscreve-se a possibilidade de uma discordância e de algo como a «falha» existencial que constitui a fragilidade do homem.

Esta análise da vivência frágil na qual se constitui a noção de pessoa foi levada a cabo com os recursos da moral do kantismo. As reservas que podemos ter em relação ao kantismo, e sobretudo em relação ao ponto preciso da relação entre a pessoa e a lei, não alteram radicalmente o carácter ético da análise. Por outro lado, pode-se apresentar uma objeção a esta análise: a de que ela não convém nada a uma antropologia da falibilidade, já que procede de uma antropologia pessimista, dominada pela teoria do *mal radical*. Aquilo que o moralista kantiano pressupõe na análise do respeito e exclui da esfera moral é uma sensibilidade *já* caída [*déchue*]. Assim sendo, seria impossível, sem cair num círculo vicioso, convocar para uma antropologia da falibilidade uma filosofia moral que se mova no círculo da decadência [*déchéance*]. Com efeito, haveria que ir ainda mais longe e recusar, para o tipo de investigação que fazemos aqui, qualquer antropologia ligada a uma visão ética do mundo: o moralista parte de uma situação na qual a dualidade entre o bem e o mal já está constituída, na qual o homem já escolheu o lado do mal; e é a partir de uma tal situação de guerra entre os homens, e do homem consigo mesmo, que se colocam todos os problemas morais da reconciliação, da paz e da unidade.

A objeção é forte e não nos podemos contentar em responder que Kant não introduz o mal na sensibilidade enquanto tal, apenas na máxima da vontade que inverte a ordem de preeminência entre a lei e a sensibilidade. Isto porque, numa visão ética do mundo, tal escolha má já foi feita e a sensibilidade, mesmo não sendo o princípio do mal, apresenta-se ao moralista com uma face alterada pelas paixões da avidez, da potência e da glória. Desde logo, a análise do respeito é esmagada pelo dualismo entre o *Logos* e o *Pathos* que é imposto por qualquer teoria das «paixões».

E também não é suficiente responder que Kant não coloca a sensibilidade entre parênteses na medida em que é má, mas na medida em que é empírica; que é o rigor crítico e não o rigorismo moral que impõe a sua exclusão.

([79]) *Ibid.*, A 155, p. 103.

Essa interpretação puramente «metodológica» da exclusão da faculdade de desejar do círculo da moralidade é certamente muito válida, mas só é adequada para a primeira fase da *Crítica da Razão Prática*(*), aquela que corresponde ao estabelecimento do «princípio» da moralidade, ou seja, do poder determinante da razão prática sobre a vontade em todo o ser razoável em geral. Ela já não é válida no caso da busca do «móbil», o qual pressupõe, não já uma razão em geral, mas uma razão finita e, ao mesmo tempo, se aplica a uma sensibilidade rebelde. Vemos isso na análise consagrada aos efeitos da lei na faculdade de desejar. Em Kant, os efeitos negativos ganham aos efeitos positivos: a lei não «eleva» a «sensibilidade» a não ser «subjugando-a». É, de facto, uma sensibilidade caída que é pressuposta. Portanto, há que encarar a objeção em toda a sua radicalidade, como uma objeção de princípio dirigida não só contra Kant, mas também contra qualquer visão ética do mundo.

E só se pode responder o seguinte: não temos nenhum outro acesso ao originário a não ser pelo caído [*déchu*]. Por outro lado, se o caído não der nenhuma indicação sobre aquilo *do qual* caiu, nenhuma filosofia do originário será possível, e nem sequer se poderá dizer que o homem é caído. Isto porque a própria ideia de decadência [*déchéance*] contém uma referência à perda de uma inocência que compreendemos suficientemente para a nomear e, portanto, para caracterizar a condição presente como desvio, perda ou queda [*chute*]. Não posso compreender a traição como sendo um mal se não a comparar com uma ideia de confiança e de fidelidade em relação à qual a traição é o mal.

Por conseguinte, do ponto de vista metodológico a situação não é desesperada. Temos somente de ter presença de espírito para perceber que é através de um dualismo tributário da visão ética do mundo que vê o mundo como estando caído e o homem como estando *já* dividido contra si mesmo que temos de decifrar e interpretar a «desproporção» inicial que «sus-tém» e «dis-tende» a existência prática do homem.

(*) No original, o itálico não aparece em toda a expressão, constando «critique de la *Raison Pratique*». Assim, a passagem, levada à letra, poderia ser ambígua em relação a saber-se se Ricœur se estaria ou não a referir a esta obra de Kant. Contudo, pelo contexto, parece depreender-se ter-se tratado de um lapso, pelo que o corrigimos. [*N. dos T.*]

Poder-se-ia enunciar o problema nestes termos: é o de encontrar, através de um dualismo ético aquém da sua condenação da sensibilidade, a estrutura de falibilidade que tornou possível esse mesmo dualismo. Poder-se-ia chamar a tal regressão uma reconquista da dimensão «prática» originária em relação ao seu aspeto «ético» e dualista derivado. Mas será possível esse movimento que vai da dualidade «ética» até à desproporção «prática»?

Esse movimento não só é possível como é mesmo necessário para a inteligibilidade do dualismo «ético». Mesmo em Kant se encontra o início deste movimento de retorno que em seguida teremos de prosseguir sem ele.

Com efeito, como é que a lei poderia «subjugar» a sensibilidade, «humilhar» a sua presunção, se não tivesse «acesso» a ela? A raiz desse constrangimento, a origem dessa humilhação, é uma determinação pura da sensibilidade pela razão, uma retoma da faculdade de desejar pela racionalidade, que a eleva acima da simples natureza. O parentesco do desejo com a admiração e o sublime providencia aqui uma «analogia» decisiva. Independentemente do esforço que Kant faz para distinguir o respeito da admiração, é a algo como a admiração que cede quando exclama, à maneira de Rousseau: «Dever! Nome grande e sublime.» ([80]) Assim, o respeito enraíza-se em qualquer coisa como uma disposição do desejo para a racionalidade, um pouco como a generosidade cartesiana que é simultaneamente ação e paixão, ação do livre arbítrio e emoção na profundidade corporal. Tal como o Eros platónico, que sofre e se regozija pelo seu parentesco com o mundo metaempírico. É certo que, na economia da decadência, que é também a do ético, o respeito não pode incorporar o seu aspeto negativo de coerção no seu aspeto positivo de aspiração. Mas coerção e aspiração não estão ao mesmo nível: a coerção é o revestimento psicológico, a aparência vivida, enquanto a aspiração é a raiz antropológica. É por que isso que a «Metodologia da Razão Prática» ([81]), que se coloca no ponto de vista do «acesso» das leis da razão ao *Gemüt* [coração, sentimento], da influência delas nas máximas desse espírito, inicia uma superação do dualismo ético em direção a uma antropologia mais radical, simbolizada pelo termo *Gemüt*. O *Gemüt* é esse local no qual a razão, a representação do dever,

---

([80]) *Ibid.*, A 154, p. 102.

([81]) *Ibid.*, A 269 – A 292, pp. 171-182.

tem uma «força» imediata, é capaz, por si só, de assumir a «preferência». «Se a natureza humana não fosse deste modo constituída (*geschaffen*), jamais espécie alguma de representação da lei por digressões e meios de recomendação suscitariam a moralidade da intenção (*Gesinnung*).» (82) Esse recurso a uma constituição da natureza humana leva a pôr em evidência a «propriedade do nosso *Gemüt*», a saber «essa recetividade (*Empfändlichkeit*) de um interesse moral puro». (83) Esse poder de ser suscetível à influência do móbil moral é precisamente a raiz que pretendemos expor. Mas, assim, aquilo que é preciso elaborar é uma teoria do *Gemüt* e já não simplesmente uma teoria da razão finita. E é essa teoria que Kant evoca na famosa expressão da *Crítica da Razão Prática*: «Duas coisas enchem o coração (*Gemüt*) de uma admiração e de uma veneração sempre novas e crescentes, quanto mais frequentemente e com maior assiduidade delas se ocupa a reflexão: *o céu estrelado sobre mim e a lei moral em mim.*» (84) Admiração e veneração estão além ou aquém de uma sensibilidade ferida, de uma presunção subjugada. Elas atestam a afinidade da sensibilidade pela racionalidade; ora, continua Kant, «não as hei de procurar e simplesmente presumir a ambas como envoltas em obscuridades ou no transcendente, fora do meu horizonte; vejo-as perante mim e religo-as imediatamente com a consciência da minha existência». (85) E esse *Gemüt*, ao qual se chama a consciência da minha existência, nada mais é que a relação positiva entre o desejo e a lei moral que procuramos e que Kant designa noutro lado por «destinação», determinação, atribuição (*Bestimmung*) do homem, a qual «eleva infinitamente o meu valor»; é essa a raiz do respeito: ele procede «da destinação conforme a um fim da minha existência por essa lei» (86) (aus der zweckmäßigen Bestimmung meines Daseins durch dieses Gesetz).

Porém, neste ponto, o kantismo abandona-nos: a sua *Antropologia de um Ponto de Vista Pragmático* (*) não é, de todo, a exploração do originário, sendo antes uma descrição do homem na perspetiva das «paixões» e do dualismo ético.

---

(82) *Ibid.*, A 270, p. 172. [tradução modificada]

(83) *Ibid.*, A 272, p. 172-173.

(84) *Ibid.*, A 288, p. 183.

(85) *Ibid.*, A 288-289, p. 183.

(86) *Ibid.*, A 289, p. 184.

(*) Kant, *Antropologia de um Ponto de Vista Pragmático*, tradução de Clélia Aparecida Martins (São Paulo: Iluminuras, 2006). [*N. dos T.*]

A única forma de continuar na direção desse *Gemüt* que seria a base «prática» do dualismo «ético» é voltar a estabelecer a dualidade íntima do respeito, no prolongamento da dualidade entre a *perspetiva* e o *verbo*, que nada deve à consideração de uma sensibilidade caída, de um mal radical. Com efeito, a objetividade que serviu de ponto de referência para essa investigação reflexiva não é nem inocente nem culpada; é neutra em relação à problemática do mal radical. Diferentemente da reflexão ética, dominada pela contraposição entre o bem e o mal, entre o valor e o não-valor, e pela descrição de um homem que já escolheu mal, a reflexão transcendental não pressupõe nenhuma oposição à subjetividade, nenhuma resistência da sensibilidade à razão. Nela, a objetividade não é um valor diametralmente oposto a um não-valor, é simplesmente a «luz natural» na qual qualquer coisa pode aparecer e deixar-se determinar. Em resumo, a reflexão transcendental está desde logo ao nível do originário; não tem de atingi-lo através de uma condição depravada. É por isso que pôde servir de guia para se explorar a desproporção «prática», mais originária do que a dualidade ética, e *revelar um princípio de limitação que não seria já um mal radical.*

A nossa investigação anterior sobre o carácter e a felicidade já respondeu a essa exigência: a polaridade «prática» entre o carácter e a felicidade constitui a raiz antropológica de todo o dualismo «ético»; essa polaridade não pressupõe nenhuma decadência: todos os aspetos de finitude foram agrupados a partir do tema da perspetiva finita; todos os aspetos de infinidade foram-no a partir da ideia de Sentido ou de Verbo. Pode, portanto, já dizer-se que o respeito é a síntese frágil na qual se constitui a forma da pessoa, tal como a imaginação transcendental era a síntese escondida na qual se constitui a forma da coisa.

Falta, portanto, dar seguimento a essa constituição do momento «prático» do respeito através da constituição do seu momento «afetivo», isto é, desvelar a textura do *Gemüt*, do *sentimento* enquanto tal.

QUARTO CAPÍTULO

A fragilidade afetiva

O que faltará à análise reflexiva levada a cabo a partir da coisa que está perante mim e a partir da pessoa concebida como ideal do eu para que ela seja equivalente à compreensão do homem que é antecipada pelos mitos da retórica e da miséria? Aquilo que falta a tal reflexão é a dimensão do sentimento.

A compreensão da «miséria» da qual partimos era, com efeito, uma compreensão patética; e será possível recuperar esse patético para a filosofia? Foi necessário, em primeira instância, voltar-lhe as costas, exorcizá-lo, reduzi-lo; a tarefa de quebrar o patético coube à reflexão transcendental, ao tomar como referência reflexiva a coisa e a pessoa.

A virtude do formalismo foi a de transformar em problema filosófico aquilo que à partida mais não era do que emoção imensa e confusa. Mas aquilo que se ganhou em rigor perdeu-se em riqueza e profundidade. Será possível recuperar essa plenitude a partir desse rigor? Compreender o sentimento a partir daquilo que o reduziu e excluiu?

Essa questão de método encobre outra, que diz respeito ao âmago do problema: se uma filosofia do sentimento for possível, qual pode ser a sua relação com uma investigação sobre a falibilidade humana? O que há a mais no sentimento do eu do que no projeto de objeto no qual se constitui a consciência em geral e no projeto da pessoa na qual se decide a consciência de si? Depois da consciência, e da consciência de si, que instância pode ainda aparecer e revelar um novo sentido da desproporção humana?

Como vimos, só se apercebia a «desproporção» *na* objetividade da coisa, *na* humanidade da pessoa: será que atingimos, com o sentimento, o momento em que a desproporção se torna para si? É aqui que voltamos a encontrar a preciosa ideia de Platão sobre o θυμός, função intermédia por excelência na alma humana; o θυμός é a transição viva do βίος [forma de vida] para o λόγος. Ele separa e une simultaneamente a afetividade viva ou desejo (ἐπιθυμία) e a afetividade espiritual a que o *Banquete* chama ἔρως; diz Platão na *República* que o θυμός tanto combate com a razão, da qual é a energia e a coragem, como luta com o desejo, da qual é a potência de empreendimento, irritação e cólera. Será que uma teoria moderna do sentimento pode voltar a essa intuição de Platão?

Se isso fosse possível, haveria que dizer que a terceira instância de uma antropologia da falibilidade é o «coração», o *Gemüt*, o *Feeling*. Avançando por entre os graus da consciência em geral até à consciência de si e ao sentimento ou, se preferirmos, do teórico até ao prático e ao afetivo, a antropologia filosófica faria uma progressão em direção a um ponto simultaneamente mais íntimo e mais frágil. Recordemos que o momento de fragilidade da consciência em geral era a imaginação transcendental, que é simultaneamente intelectual e sensível. Mas a imaginação transcendental, ponto cego do conhecimento, era superada intencionalmente no seu correlato (a coisa); assim, a síntese entre a palavra e a aparência é síntese na própria coisa ou, antes, na objetividade da coisa.

O segundo momento da fragilidade era o do respeito; correspondia ao projeto do si, da pessoa; mas a constituição paradoxal, desproporcional, do respeito era superada intencionalmente na representação da pessoa que ainda era uma espécie de síntese objetiva ou objetal.

O «coração» seria o momento frágil por excelência; o coração inquieto; nele se interiorizariam todas as desproporções que vimos culminar na desproporção entre a felicidade e o carácter.

Mas será que é possível uma filosofia do «coração» que não corresponda a voltar a cair no patético e, pelo contrário, se eleve ao nível da razão – no sentido próprio da palavra nível –, ao nível dessa razão que não se contenta com o puro, o concreto, mas exige o total, o concreto?

O sentido no qual há que procurar é-nos indicado pelo próprio movimento da reflexão anterior. Essa reflexão foi constituída pela redução do patético. Mas esse patético não era desprovido de toda e qualquer temática. Tinha, aliás, uma linguagem apropriada: mito e retórica. Se, portanto, esse *pathos* já era *mythos*, isto é, palavra, deve ser possível restituí-lo na dimensão do discurso filosófico. Ora, esse *mythos* exprimia a crucificação originária que é a miséria do ser intermédio. Ora, esse tema não foi plenamente reconstituído nem por uma reflexão simplesmente transcendental sobre a coisa, nem mesmo pela reflexão prática sobre a pessoa. Se uma filosofia do sentimento fosse possível, deveria ser o sentimento a exprimir a fragilidade do ser intermediário que nós somos. Por outras palavras, aquilo que está em jogo numa filosofia do sentimento é o próprio afastamento entre a exegese puramente transcendental da «desproporção» e a experiência vivida da «miséria».

As duas questões estão ligadas, a questão de método e a questão de fundo: a questão da possibilidade de uma filosofia do sentimento e a de um culminar da meditação sobre a «desproporção» na dimensão do sentimento. Elas têm, portanto, de ser resolvidas em conjunto.

1. Intencionalidade e intimidade do sentimento

Para estabelecer a possibilidade de se culminar a antropologia com uma filosofia do sentimento é suficiente uma reflexão sobre a função universal do sentir em relação ao conhecer. Com efeito, é na génese recíproca do conhecer e do sentir que aparece a significação original do sentir. Se considerado fora dessa génese mútua, o sentimento mais não é do que uma palavra que cobre uma multiplicidade de funções parciais: regulações afetivas, transtornos emocionais, estados afetivos internos, intuições vagas, paixões, etc. Recolocados no movimento da sua promoção mútua, sentir e conhecer «explicam-se» um pelo outro: por um lado, o poder de conhecer, ao hierarquizar-se, gera verdadeiramente os *graus* do sentimento e arranca este último à sua confusão essencial; por outro, o sentimento gera verdadeiramente a *intenção* do conhecer em todos os seus níveis. É nessa génese mútua que a unidade do *sentir*, do *Fühlen*, do *feeling*, se constitui.

Essa reciprocidade entre o sentir e o conhecer pode ser estabelecida por meio de uma análise intencional bastante simples. Pondo de lado, por enquanto, a diferença de *nível* entre os sentimentos aqui investigados e considerando somente a relação «horizontal» entre mim e o mundo, podemos perguntar-nos o que significa a relação entre o amor e o amável, entre o ódio e o odiável; essa relação a que chamamos «horizontal» é necessariamente muito abstrata, já que negligencia a diferença de nível das próprias realidades que o sentir e o conhecer designam: amor por uma coisa, por uma pessoa, pelos valores, pelo ser, etc. Mas essa abstração é favorável a uma investigação prévia sobre a estrutura intencional que estabelece a unidade entre todos os modos do sentir.

É digno de nota que essa análise desemboque logo numa «aporia». O sentimento – o amor, o ódio – é sem dúvida intencional: é um sentir «alguma coisa»: o amável, o odiável. Mas é uma intencionalidade bem estranha que, por um lado, designa as qualidades sentidas *nas* coisas, *nas* pessoas, *no* mundo e, por outro lado, manifesta, revela a maneira como o eu é intimamente afetado. Esse paradoxo é bastante embaraçoso: coincidem, na mesma vivência, uma intenção e uma afeção, um visar transcendente e a revelação de uma intimidade. E ainda mais, é ao visar qualidades sentidas *no* mundo que o sentimento manifesta um eu afetado. O aspeto *afetivo* do sentimento desvanece-se assim que se apaga o seu aspeto intencional; ou pelo menos afunda-se numa obscuridade indizível; é só graças ao seu visar, à sua superação em algo que é sentido, num «correlato» afetivo, que o sentimento pode ser exprimido, dito, comunicado, elaborado numa língua de cultura. As nossas «afeções» lêem-se no mundo que desenvolvem e que reflete as suas espécies e as nuances entre elas.

Portanto, não é possível eliminar o momento intencional do sentimento sem ao mesmo tempo eliminar o momento de afeção do eu. Porém, por outro lado, hesitamos, e a justo título, em chamar *objetos* a esses correlatos do sentimento. O odiável, o amável, são «visares» *sobre* as coisas mas não têm a subsistência própria dos objetos, que nunca se terminam de observar. São só qualidades que, para aparecerem no mundo, se devem fundar nos objetos percecionados e conhecidos. Aquilo que é próprio desses correlatos intencionais é poderem separar-se dos momentos representativos da coisa; são correlatos intencionais, mas sem autonomia. É o objeto percecionado e conhecido que lhes fornece um centro de significação, um polo de objetividade e, se é que nos podemos exprimir assim, o substantivo da realidade. Tomados em si mesmos, o amável e o odiável mais não são do que epítetos flutuantes. É certo que não estão «na» consciência, já que são o visado e o significado. Mas o momento de exterioridade não lhes pertence: pertence ao percecionado enquanto tal. É o percecionado que implica a extensão fundamental em virtude da qual as coisas são colocadas fora de nós e, por assim dizer, fora de si mesmas, espalhadas, manifestadas pela exterioridade e a mútua exclusão das partes. Assim sendo, torna-se necessário o socorro de uma coisa observada, de uma pessoa presente, para trazer à luz do mundo o amável e o odiável.

Aquilo que faz falta ao sentido enquanto tal, ainda mais do que o momento de exterioridade, é o momento posicional, a crença natural na existência: o que é próprio da perceção é significar por meio de qualidades sensoriais – cores, sons, sabores, etc. – uma coisa que é, um ente; e o sentimento não é posicional nesse sentido. Ele não crê no ser daquilo que visa, não põe [*pose*] nenhum ente. E é por não pôr [*poser*] nenhum ente que manifesta a forma como sou afetado, o *meu* amor e o *meu* ódio, ainda que só o manifeste por meio do amável e do odiável, visados na coisa, na pessoa e no mundo.

Eis o paradoxo do sentimento. Como é que uma mesma vivência pode *designar* um aspeto de coisa e, através desse mesmo aspeto de coisa, manifestar, exprimir, revelar a intimidade de um eu?

É neste ponto que a reciprocidade entre o sentir e o conhecer é bastante esclarecedora. Ao exteriorizar e pôr no ser o seu objeto, o conhecer institui um corte fundamental entre o objeto e o sujeito. Ele «desprende» o objeto, «opõe-no» ao eu; em resumo, o conhecer constitui a dualidade entre o sujeito e o objeto. Em contraste, o sentimento compreende-se como a manifestação de uma relação com o mundo que incessantemente restitui a nossa cumplicidade, a nossa inerência, a nossa pertença, que são mais profundas que qualquer polaridade ou qualquer dualidade ([87]).

([87]) W. Stern, *Allgemeine Psychologie auf personalistischer Grundlage* (Haag: Martinus Nijhoff, 1950); Stephan Strasser, *Das Gemüt. Grundgedanken zu einer phänomenologischen Philosophie und Theorie des menschlichen Gefühlslebens* (Utrecht: Het Spectrum / Freiburg: Herder, 1956).

Essa relação com o mundo, irredutível a qualquer polaridade *objetal*, podemos perfeitamente nomeá-la, mas nunca captá-la em si mesma; podemos dizer que é antepredicativa, pré-reflexiva, pré-objetiva ou até hiper-predicativa, hiper-reflexiva, hiper-objetiva. Porém, uma vez que vivemos na dualidade entre o sujeito e o objeto que educou a nossa linguagem, essa relação só pode ser atingida *indiretamente*.

Podemos avançar nessa compreensão do sentimento, concebido como a contraparte da ojetivação, da seguinte maneira: o sentimento é o modo privilegiado pelo qual se manifesta essa relação pré- e hiper-objetiva, mas não é o único. Aquilo a que a psicologia das condutas chama tendências, tensões, pulsões, é essa mesma relação com o mundo, mas exprimida em termos de ação ou reação. Portanto, compreender a relação entre o sentimento e a tendência é, simultaneamente, compreender a relação com o mundo que se exprime nessas duas linguagens quebradas, a das condutas e a da vivência. Se compreendêssemos que a direção objetiva de uma conduta e o visar de um sentimento são uma só e a mesma coisa, que o sentimento mais não é do que essa própria direção da conduta na medida em que é sentida, compreenderíamos quer a tendência, quer o sentimento. E, ao compreendê-los um através do outro, avançaríamos no discernimento dessa reciprocidade ainda mais fundamental: aquela que existe entre o sentir e o conhecer.

Aquilo que o sentimento manifesta, por meio das tonalidades afetivas visadas *nas* coisas, é a própria intencionalidade das tendências. O amável, o detestável, o fácil, o difícil, é isso mesmo «em direção ao qual» se aproxima, «para longe do qual» se afasta, «contra o qual» luta, o nosso desejo.

Essa tese, que é a pedra angular de toda a nossa reflexão, merece que nela nos detenhamos. Esse privilégio, o de ser um revelador, que conferimos ao sentimento em relação aos impulsos do nosso ser e às suas ligações pré e hiper-objetivas com os seres do mundo, encontra resistências de dois tipos: o da psicologia das condutas e o da psicologia das profundidades.

A primeira alegará que a «vivência» mais não é do que a região consciente da conduta, apenas um segmento de conduta e que, pelo contrário, é a conduta no seu todo que desenvolve um sentido completo e, assim, confere um sentido parcial quer às suas fases silenciosas quer às suas fases conscientes. Mas a isso deve-se responder que o sentimento não é uma parte de um todo mas um momento significativo do todo. É a vivência afetiva que manifesta o que significa carecer de [*manquer de*]..., tender para..., atingir..., possuir e desfrutar; com efeito, a psicologia das condutas está condenada a trabalhar com noções metafóricas como as de equilíbrio, desequilíbrio, tensão, resolução da tensão. Essas metáforas são úteis: induzem experiências bem feitas, agrupam os resultados empíricos numa visão coerente; em resumo, são bons conceitos de trabalho. Mas o que significam essas metáforas tomadas a outra «região» da realidade, a da coisa física? Do que são elas a metáfora? A psicologia das condutas pode furtar-se a esta questão enquanto o teor dos seus conceitos importar menos do que o rendimento experimental que trazem; porém, a partir do momento em que se coloca a questão de saber o que é que algo como pulsão ou tensão quer dizer, há que recorrer a uma investigação de tipo diferente e notar que as tensões, as pulsões, só têm um carácter psicológico e, por conseguinte, só divergem do modelo físico do qual são análogas, em virtude dessa notável propriedade de antecipar a sua resolução de maneira intencional. Uma tensão física não engloba o equilíbrio final sob a forma de antecipação. O fim não está intencionalmente presente no seu começo e desenvolvimento. É aí que uma análise intencional toma o lugar da metáfora energética e a salva na sua qualidade de metáfora. O psicólogo pode e deve continuar a falar em termos de pulsões, mas ele não sabe o que diz; ou melhor, sabe-o graças à análise intencional implícita que lhe lembra silenciosamente que o seu uso da linguagem energética é somente metafórico.

Portanto, o sentimento mais não é do que a manifestação da intenção implícita das «tensões» e das «pulsões». Não é só que essa manifestação da intenção das tensões através do sentimento seja a única a poder salvar a metáfora de origem física enquanto metáfora do psíquico, é também que ela é a única a poder justificar o papel «regulador» que a psicologia das condutas reconhece no sentimento. Isto porque é ao exibir o visar da tendência nos predicados das coisas que o sentimento pode providenciar à ação os sinais objetivos em virtude dos quais ela se poderá regular. O sentimento «serve» a tendência ao «exprimi-la» num fora, ao projetar valências na própria aparência do mundo; aquilo que, acolá, nos aparece como qualidade na coisa, é a manifestação do momento, da fase, do estado, da tendência. Através dessa manifestação, a tendência diz em que ponto se encontra: em carência, a caminho, satisfeita. Assim, a análise intencional, longe de ser uma alternativa à psicologia das condutas, é a justificação plena dela: todo o esforço da psicologia para elaborar um conceito coerente de «motivação», para dar uma significação funcional, um papel regulador ao sentimento em relação à ação, encontra na reflexão sobre a significação intencional uma explicitação e um fundamento.

Mas a psicologia das profundezas objetará que o sentimento vivido só dá um sentimento aparente da vida e que é preciso decifrar, através de uma hermenêutica especial, o sentido latente que é também o sentido real, cujo sentido manifesto mais não é, em contrapartida, do que um sintoma. O sentimento é o lugar de todas as máscaras, de todas as dissimulações, de todas as mistificações; não o sabíamos já, mesmo antes de Freud, através de la Rochefoucauld e Nietzsche? Certamente. Mas essa observação confirma, mais do que desmente, que o sentimento *manifesta* as tendências; pois a dissimulação ainda é uma peripécia da manifestação. Com efeito, por mais longe que se possa e deva percorrer o caminho da suspeita a respeito do sentido aparente, é ele que introduz as pulsões na dimensão do significante. O sentimento é revelador de intencionalidade. Que esse revelador seja dissimulante, isso mais não é que uma complicação adicional que nada subtrai à relação fundamental de manifestação que liga o «agido» ao «sentido». É precisamente por isso que o sentido latente não poderia ser mais do que uma exegese do sentido aparente, como que a procura de um melhor sentido. O não-sentido, ou o insensato, ainda se inscreve na dimensão do sentido, na qual se move o sentimento. A hermenêutica do sentido vai sempre do sentido menos significante para o sentido mais significante. E o psicoterapeuta, ao proceder a essa exegese do sentido, não tem outra ambição a não ser a de fazer com que se aceite um novo sentido que será vivido num modo mais autêntico e que manifestará de forma mais verídica a realidade intencional da vida.

Podemos agora abarcar em toda a sua amplitude a dialética entre o sentir e o conhecer. Enquanto pela representação opomos objetos, o sentimento atesta a nossa coadaptação, as harmonias e desarmonias eletivas, em relação a realidades das quais carregamos a efígie afetiva no modo do «bom» e do «mau». Os escolásticos tinham uma excelente palavra para exprimir essa coadaptação mútua do ser vivo aos bens que lhe convinham e aos males que não lhe convinham: falavam de um vínculo de conaturalidade entre o meu ser e os seres. Esse vínculo de conaturalidade, estabelecemo-lo de maneira silenciosa em toda as tendências da nossa vida; sentimo-lo de forma consciente e sensível em todas as nossas afeções, mas não o compreendemos, na reflexão, a não ser por contraste com o movimento de objetivação do conhecer. Assim, não se pode definir o sentimento a não ser através desse próprio contraste entre, por um lado, um movimento pelo qual nós «destacamos» as coisas e os seres perante nós e as «objetivamos», e, por outro lado, um movimento através do qual nós nos «apropriamos» deles e, de alguma forma, os interiorizamos.

Compreende-se porque é que o sentimento, assim imiscuído na aventura do conhecimento e da objetividade, tem de apresentar à reflexão a paradoxal textura intencional que assinalámos. Já que é *nas* coisas elaboradas pelo trabalho de objetivação que o sentimento projeta os seus correlatos afetivos, as suas qualidades sentidas: o amável e o odiável, o desejável e o abominável, o triste e o alegre. Assim, parece jogar o jogo do objeto. Porém, como essas qualidades não são objetos perante um sujeito, mas a expressão individual de um vínculo inextricável com o mundo, o sentimento aparecerá ao mesmo tempo como uma tonalidade da alma, como uma afeção: é esta paisagem que é risonha e sou eu que estou alegre. O sentimento exprime a minha pertença a esta paisagem, que, por sua vez, é o signo e a cifra da minha intimidade. Ora, como toda a nossa linguagem foi elaborada na dimensão da objetividade, onde o sujeito e o objeto são distintos e opostos, o sentimento já não pode ser descrito a não ser paradoxalmente, como a unidade de uma intenção e de uma afeção, de uma intenção em direção ao mundo e de uma afeção do eu. Mas esse paradoxo é só o índice que aponta para o mistério do sentimento, a saber, a ligação inextricável da minha existência com o ser e os seres, pelo desejo e pelo amor.

Porém, traímos esta unidade entre a intenção e a afeção assim que nos deixamos enganar pela linguagem da objetividade, na qual estamos condenados a exprimir-nos. E podemos enganar-nos de uma forma dupla.

Não encontrando no sentimento o modo de objetividade da coisa, dizemos que ele é «subjetivo». Assim, falhamos a sua dimensão intencional e falsificamos a relação entre a objetividade do conhecer e a intencionalidade própria ao sentimento. Não se pode reduzir essa intencionalidade a um movimento centrípeto que se oporia ao movimento centrífugo da observação, do saber e do querer. Também o sentimento é centrífugo, na medida em que manifesta o visar dos sentimentos. E é só na medida em que manifesta esse visar que ele me manifesta a mim mesmo enquanto afetado. Só admitindo estas reservas que acabámos de expressar é que se pode fazer da profundidade a dimensão própria do sentimento. Essa profundidade não é o contrário da intencionalidade, é antes o contrário da objetivação própria à representação: a representação põe à distância e, até mesmo no toque exploratório, «destaca» unidades significadas para as quais remete as impressões do tacto; o sentimento, em vez disso, aproxima. Por meio dele, os objetos tocam-me; os objetos imperfeitamente objetivos estabelecem contacto; os sentimentos inautênticos são superficiais; os verdadeiros objetos estão à distância e os verdadeiros sentimentos são profundos; atingem-nos, por vezes trespassam-nos, como o ferimento íntimo de um grande luto.

Inversamente, por preocupação em fazer justiça à intencionalidade específica do sentimento, atribuímos-lhe objetos ou quase-objetos aos quais chamaremos *valores*. É verdade que neste livro arriscámos, com alguns psicólogos contemporâneos, falar de «valência» e, com os escolásticos e Descartes, designar como sendo «bom» ou «mau» o referente [*répondant*] intencional do amor e do ódio, o conveniente e o não-conveniente, o apropriado e o estranho, o congénere e o hostil, de acordo com os quais se regula a nossa ação. Com efeito, os sentimentos são modulados consoante a ausência, a distância e a presença dessas «valências», desse «bom» e desse «mau»; amor e ódio, desejo, esperança e desespero, temor e audácia, deixam-se enumerar, afirma Descartes, «unicamente da diversidade de maneiras por que esses [objetos que atuam sobre os nossos sentidos] nos podem ser prejudiciais ou proveitosos, ou, duma maneira geral, serem importantes para nós»([88]). A nossa análise intencional permite-nos chegar até aos epítetos de bom e mau, conveniente e danoso (e mesmo até aos epítetos substantivados de valência, importância e dano), mas não nos permite ir mais além. A introdução da noção de valor põe em jogo duas operações que superam a nossa análise presente e sobre as quais não nos pronunciamos aqui: não se pode falar de

([88]) Descartes, *As Paixões da Alma, op. cit.*, Segunda Parte, Artigo 52, p. 136 [tradução modificada].

«valor» a não ser no final de uma «redução» operada precisamente em relação ao «bom» e ao «mau», isto é, em relação aos bens, valências, danos, no sentido que acabámos de explicar. Essa redução, à qual se pode perfeitamente chamar redução eidética, consiste em colocar entre parênteses a valência da coisa, de forma a fazer surgir diante do espírito a essência que é o *a priori* do bom e do mau aqui e agora. Por outro lado, essas essências só merecem que se lhes chamem valores quando são remetidas umas para as outras e captadas numa ordem de preferências. E são essas preferências *a priori* que revelam as valências como valores ao conferirem-lhes um preço relativo. Relativamente a um *ordo amoris* [ordem do amor], essa redução à essência e essa intuição preferencial são as duas condições mediante as quais se pode legitimamente falar de valor. Ora, mas isso são atos do espírito ou, sem dúvida, um único e mesmo ato do espírito, uma única e mesma intuição simultaneamente essencial e preferencial, à qual não convém chamar sentimento mas intuição preferencial, se quisermos respeitar a natureza que lhe é própria: o agradável e o desagradável, experimentados nas coisas, ainda não são valores. Só se tornam valores quando são reduzidos à sua essência e confrontados com outros valores numa visão preferencial. Aquém dessa redução e dessa visão preferencial o sentimento só visa «bens» e «males». Mas esses falsos substantivos mais não designam do que signos intencionais das nossas afeções.

2. «*Homo simplex in vitalitate, duplex in humanitate*» (*)

Se o sentimento manifesta aquilo que a vida visa, se ele revela o oriente das tendências que inclinam a nossa vida para o mundo, então ele deve *acrescentar* uma dimensão original à compreensão meramente transcendental da realidade humana. Por sua vez,

---

(*) Homem simples na vitalidade, duplo na humanidade. Esta expressão, que é muitas vezes usada por Maine de Biran, filósofo que exerceu influência em Ricœur, e que, aliás, já é comentada, no contexto da dualidade entre o voluntário e o involuntário, em *Le volontaire et l'involontaire* (*op. cit.*, p. 213), tem origem, como explica Luís Umbelino, em Herman de Boerhaave. Veja-se Boerhaave, *Praelectiones academicae de morbis nervorum* (Leyde: 1761), t. II, p. 497, citado por Luís António Umbelino, «Apercepção e Representação em Maine de Biran» in *Revista Filosófica de Coimbra* n.º 37 (2010), nota 23, p. 75. [*N. dos T.*]

se o sentimento só manifesta o seu sentido por contraste com a obra da objetivação do conhecer, se a sua função geral é a de interiorizar a realidade que objetivamos, o advento do sentimento é necessariamente contemporâneo do advento do conhecimento. E compreende-se que a desproporção do conhecer possa simultaneamente refletir-se e completar-se na do sentimento.

Uma reflexão conjunta sobre o conhecer e o sentir deve, portanto, colocar-nos agora perante o tema central dessa meditação, a saber: que o sentir se desdobra *como* o conhecer, proporcionalmente ao conhecer mas, no entanto, de forma *diferente* dele, num modo não objetivo, no modo do conflito interior.

Com efeito, a génese do sentir e do conhecer tem um duplo sentido. Por um lado, a teoria do objeto introduz um princípio de diferenciação e de hierarquia na confusão afetiva; ela afasta-se da indeterminação e da abstração, nas quais a análise anterior permanece envolvida. Com efeito, pudemos refletir sobre as relações entre o amor e o amável, sem precisar se se trata de coisas, pessoas, ideias, comunidades ou Deus. Ao interiorizar-se no sentimento, a relação com o objeto irá qualificar a hierarquia das tendências e diferenciar o sentimento na sua própria intimidade. E o primeiro benefício de uma génese mútua do sentimento e do conhecimento é, portanto, o de levar de uma análise *horizontal* do amor e do amável em geral até uma análise *vertical* dos graus do sentimento segundo o grau dos objetos; assim aparecerá a amplitude do sentimento e a sua íntima desproporção.

Por sua vez, é no sentimento que se completa a tomada de consciência dessa desproporção que se abolia no objeto. É na *vida* do sentimento que finalmente se reflete o «termo» intermediário cuja consciência nos registos «teórico» e «prático» tentámos em vão captar. Assim, toda a nossa reflexão sobre a desproporção acaba de se concentrar num ponto, o qual constitui, de certa maneira, o lugar e o cerne da desproporção. É a esse cerne afetivo que Platão chama θυμός, e que tentou situar entre a ἐπιθυμία, o desejo sensível e a razão, da qual o ἔρως é, de resto, o desejo específico. É, portanto, no θυμός que se agudiza o conflito íntimo da desejabilidade humana. Nesse sentido, é o θυμός que constitui o sentimento humano por excelência.

O nosso caminho mostra-se, assim, claro: iremos primeiro aos extremos – ἐπιθυμία e ἔρως – para compreender a amplitude do sentimento à luz da amplitude da razão; de seguida, regressaremos ao meio termo (θυμός), a fim de compreender a fragilidade do homem na sua inteireza, através da fragilidade do sentimento.

A amplitude e a «desproporção» do sentimento são, por conseguinte, e em primeiro lugar, um desenvolvimento das do conhecer. Ora, toda a nossa reflexão sobre o objeto organizou-se em torno do tema dos dois visares, o visar perspetivista e o visar de verdade. O homem apareceu-nos como esse ser distendido entre a apreensão do isto-aqui-agora, entre a certeza do presente vivo e a exigência de completar o saber na verdade do todo. Seja qual for o nome através do qual se designa esta dualidade originária – opinião e ciência, intuição e entendimento, certeza e verdade, presença e sentido – ela impede que se crie uma filosofia da perceção antes de uma filosofia do discurso e obriga a elaborá-las em conjunto, uma com a outra, uma através da outra.

Ora, a ideia de uma «desproporção» originária do sentimento, contemporânea da do conhecer, choca de frente com um preconceito que a psicologia afetiva herdou dos antigos *Tratados das Paixões*, dos estoicos a Descartes, passando por São Tomás. Estes tratados assentam na ideia de que é possível derivar todas as «afeções» de acordo com uma ordem progressiva que vai do simples ao complexo, partindo de um pequeno número de paixões simples, elementares ou primordiais. Pelo contrário, a nossa anterior reflexão convida-nos a renunciar a essa composição dos sentimentos complexos e *a partir não do simples mas do duplo*, não do elementar mas do polar. Se não assumirmos a desproporção originária entre o desejo vital e o amor intelectual (ou a alegria espiritual), perdemos por completo a especificidade da afetividade humana. Não obtemos a humanidade do homem acrescentando um nível à camada das tendências (e dos estados afetivos) supostamente comum ao animal e ao homem. A humanidade do homem é este desnivelamento, esta polaridade inicial, esta diferença de tensão afetiva entre cujos extremos o «coração» está colocado.

Eis a hipótese de trabalho; como prová-la? O teste que propomos consistirá em interrogar as afeções que constituem o *término* do movimento da necessidade, do amor, do desejo. Podemos, de facto, mostrar que existem duas espécies de *terminações* [*terminaisons*] dos movimentos afetivos: uma culmina e aperfeiçoa atos ou processos isolados, parciais, finitos. Ela é o prazer. À outra cabe aperfeiçoar a obra total do homem. Seria algo como a terminação de um destino, de uma destinação, de um projeto existencial; seria a felicidade, já não a ideia vazia de felicidade, que opusemos até aqui ao carácter, mas a plenitude da felicidade ou beatitude. É, portanto, a discórdia íntima destas duas terminações, destas duas completudes, destas duas *perfeições*, que melhor pode manifestar a polaridade da ἐπιθυμία e do ἔρως. Na verdade, é esta dualidade de «fins» que anima e regula a dualidade dos «movimentos», dos «apetites», e que cinde interiormente o desejo humano.

É possível fazer passar o prazer pela mesma crítica que dirigimos há pouco à perspetiva finita, quando mostrámos que a perspetiva não é reconhecida como perspetiva senão na intenção de verdade que a transgride. Acontece o mesmo com o prazer. É o outro visar afetivo que o revela como prazer, como simples prazer. Constatamos isso logo no poder de desdobramento do sentimento: posso sofrer no prazer e comprazer-me no sofrimento. Estes sentimentos de segundo grau que hierarquizam a afetividade manifestam já o poder do sentimento de se referir ao prazer e de reagir em função dele. Este desdobramento afetivo anuncia e esboça uma espécie de crítica imanente do princípio do prazer, secretamente trabalhado pelo princípio de felicidade, uma crítica que em si mesma é mais sentida do que pensada, qualquer coisa como um descontentamento no mero prazer que não seja signo, promessa e garantia da felicidade.

Ora, esta crítica afetiva é muito difícil de distinguir de uma crítica moral e moralizante que atira o prazer para o lado do mal. Existe aí uma armadilha na qual é difícil não cair. No entanto, aquilo que se deve tentar restaurar é uma crítica propriamente afetiva que mais não seja do que a manifestação da transgressão do prazer pela felicidade. A chave dessa crítica não pode ser reencontrada quando nos colocamos perante a maldade, apenas o pode perante a bondade, a *perfeição* do prazer, tal como Aristóteles a celebrou na sua *Ética*. Não é a maldade do prazer que a felicidade transcende, mas a própria perfeição do prazer. Só pagando este preço pode a *finitude* do prazer manifestar-se, sendo ela mais originária do que qualquer maldade ocorrida.

Aristóteles mostra-se aqui, pois, um bom guia. Resistiu energicamente a toda a tradição anterior que via no prazer uma «génese», um «processo», uma errância «ilimitada» e, por fim, a origem de uma espécie de infelicidade de existir. O prazer é perfeito porque aperfeiçoa; não está a caminho: «é qualquer coisa como uma totalidade e ninguém conseguirá captar nenhum prazer em qualquer momento temporal da sua duração que pudesse vir a ter uma forma essencial ainda mais completa» ([89]).

Mas a sua perfeição é uma perfeição finita. Ela está apenas no instante, precária, perecível, como os próprios bens cuja posse é manifestada pelo prazer através da fruição. Ao mesmo tempo, essa perfeição é uma perfeição parcial, que se destaca no horizonte do destino tomado na sua totalidade, e a inocência originária do prazer é uma inocência ameaçada. O princípio desta ameaça reside na estrutura horizonte-ato. O agir humano visa, em simultâneo, uma totalidade autossuficiente que proporcionaria, que seria a beatitude, a fruição da felicidade, e uma realização finita em atos discretos, em «resultados», sancionados por uma consciência de sucesso ou prazer. A permanência no prazer ameaça imobilizar a dinâmica da atividade e encobrir o horizonte da felicidade.

A perfeição do prazer é finita num outro sentido. O prazer coloca o timbre da sua perfeição na vida corporal. O próprio exemplo que Aristóteles escolheu para construir a sua teoria do prazer-perfeição – o da sensação agradável, mais precisamente o prazer de ver – atesta que o prazer pontua e ratifica o meu enraizamento orgânico no mundo. Ele magnifica o carinho que tenho pela vida que me atravessa e esse centro de perspetiva que sou. Assim, é a própria perfeição do prazer que me liga à vida; porque ela mostra que viver não é uma atividade entre outras, mas a condição existencial de todas as outras. Afirmando alegremente o «primeiro viver», o prazer está constantemente a sugerir o adiamento do «depois filosofar» ([*]). E, no entanto, o prazer é total como a felicidade. Ele representa a felicidade no instante. Mas é precisamente esta contração da felicidade no instante que ameaça parar o dinamismo do agir na celebração do *Viver.*

O erro de todas as filosofias que fizeram do prazer enquanto tal um mal foi o de terem confundido essa ligação espontânea e tendencial para o viver com uma decadência real, efetiva e prévia. Essa perfeição finita – no duplo sentido temporal e funcional – é somente a ameaça de um fechamento, de uma obturação do horizonte afetivo. A maldade requer um ato específico de preferência;

([89]) Aristóteles, *Ética a Nicómaco, op. cit.*, livro X, 1174a, 16-17, p. 234.

([*]) Ricœur faz aqui referência a uma expressão latina de uso corrente, o *primum vivere, deinde philosophari.* [*N. dos T.*]

«a ausência de domínio e a intemperança», de que Aristóteles fala no contexto dos «vícios», não são «paixão» (πάθος) mas ação (πράξις), e essa ação é, no primeiro caso, praticada «de bom grado», sendo deliberada no segundo. Para que o prazer se torne um βίος, uma «forma de vida», será preciso que o malvado o «prefira a tudo». É então levado e arrastado. Mas foi ele que se entregou; a cegueira que lhe oculta o horizonte da felicidade e o constrangimento que impede o impulso da sua vontade é que são obra do malvado. Correlativamente a esta decadência voluntária, compreendo o que poderia ser uma fruição originária que não fosse o túmulo da alma, mas a perfeição instantânea da vida.

A finitude do prazer é tão pouco uma maldade primordial que a crítica afetiva que revela a felicidade como o seu além, não é só a negação do prazer mas também a sua recuperação e a sua reafirmação. É impressionante que Aristóteles tenha hesitado entre dois «lugares» para o seu discurso sobre o prazer e o tenha tratado, primeiro, como um prefácio psicológico à exegese de um par específico de virtude e vício, respetivamente, o domínio de si e a intemperança (Livro VII), e, depois, como o grau mais baixo da felicidade (Livro X). O prazer é, simultaneamente, aquilo que pode ficar preso e prender-nos ao nível do simples viver, e também aquilo que pode entrar numa dialética em todos os graus do agir humano, até se confundir com a felicidade, que seria, então, o prazer perfeito.

Esta dialética interior ao próprio prazer, que não é assim atirada para as trevas do querer-viver e do egoísmo vital, pode ser representada pela dialética entre adjetivo e o substantivo, o ἡδύ e a ἡδονή. A língua francesa perdeu-lhe a chave, ao traduzir ἡδύ como «agradável», e ἡδονή como «prazer». O agradável é o próprio prazer, o «prazenteiro», o qual baliza própria dialética do agir. Na forma do agradável, o prazer hierarquiza-se como o agir. De igual forma, vemo-lo estetizar-se na perceção das obras de arte, interiorizar-se na recordação do passado, tornar-se móbil no gozo da despesa e do jogo, dinamizar-se como prazer de aprender e de se esforçar, abrir-se ao outro nos prazeres da amizade. Existe ainda um prazer de provocar prazer; e existe até um prazer de renunciar ao prazer, um prazer do sacrifício. Não há nenhuma razão para não chamar «prazeres» a todas essas mutações do prazer. A regra de ouro de Aristóteles, segundo a qual o prazer é a completude da atividade sem impedimento, unifica todos os graus do prazer:

«é o prazer que leva as atividades a um maior grau de completude, e assim também é a vida, pela qual todos os Humanos anseiam» ([90]).

Mas o agradável que é pura completude substantiva-se no prazer e recai no seu modelo sensível e corporal. Uma estática do prazer tende a tornar mais pesada a dinâmica da atividade, e também por isso a do agradável. Esta estática procede subtilmente do efeito dinamizador do prazer, a saber, a sua capacidade de relançar e de reforçar uma atividade pela atração do agradável. Aristóteles notava já que o prazer que temos numa atividade nos deixa indisponíveis para outra atividade: «o prazer resultante da perícia de tocar flauta pode destruir, por exemplo, a atividade que se ocupa da fixação do sentido numa análise filosófica» ([91]). Ao estreitar assim o campo de disponibilidade, ele «destrói» as outras atividades ([92]). Assim, o agradável segue as atividades e tende a abrir o jogo. Mas o prazer privilegia uma atividade e tende a fechar o jogo. Deste modo, os prazeres reagem às atividades das quais são a marca. A exclusão dos prazeres repercute-se na exclusão das atividades.

É graças a essa substanciação do agradável no prazer, e do fechamento da consciência de felicidade na consciência de resultado, que a problemática da felicidade deve necessariamente ser restaurada, pagando o preço de uma certa suspensão do prazer. Poderíamos descobrir a felicidade tornando ilimitado o prazer-adjetivo, o agradável; mas é necessário quebrar o fechamento do prazer-substantivo. É por isso que Aristóteles não constrói diretamente a ideia da felicidade a partir da ideia do prazer, nem mesmo do agradável, mas remonta ao próprio princípio da atividade e da sua dinâmica. A felicidade é o «desejável em si» e não «em função de outra coisa» (Ética a Nicómaco, X, 1176b, 4). É na própria atividade e não no seu acompanhamento agradável que se lê a intencionalidade final da felicidade. Por esse motivo uma certa «suspensão» do prazer é necessária para que a significação radical da felicidade possa surgir e o próprio prazer possa ser reafirmado.

Esta suspensão do prazer, feita com o propósito de restaurar a dinâmica e a hierarquia do agir humano, e, finalmente, de encontrar o *sumamente agradável*, já Platão a pensava no seu célebre

---

([90]) Aristóteles, *Ética a Nicómaco, op. cit*, livro X, 1175a, 15, p. 236.
([91]) *Ibid.*, livro X, 1175b, 6, p. 238.
([92]) *Ibid.*, livro X, 1175b, 23, p. 238.

debate com Cálicles no *Górgias*(93). Bastou que Cálicles lhe concedesse a possibilidade de distinguir entre prazeres «melhores» e prazeres «piores»(94) para que uma crítica do prazer se tornasse possível e posta em marcha. Um «τέλος de todos os nossos atos» – o bem – é introduzido implicitamente, a título de medida de valor ou, pelo menos, de princípio, de fundamento ou de exigência para uma medida concreta, como uma forma de vida (βίος), o estilo de uma «obra humana»(95). A divisão entre o bom e o agradável é assim o instrumento da diferenciação do próprio agradável. O agradável enquanto tal não tem ordem visível; é sob o signo do «bom» que se hierarquizam certas «excelências», certas ἀρεταί, a ser verdade que a ἀρετή de cada coisa é «determinada e regulada pela ordem»(96) e que é «uma certa harmonia, adaptada à natureza das coisas, que, estando presente nelas, as faz boas»(97). A ideia de uma «alma em que reina a ordem»(98) constitui, por conseguinte, o fio condutor de uma dialética afetiva.

A doutrina grega da «virtude» não tem outra intenção senão a de restituir a amplitude originária do agradável através da «suspensão» do prazer e assim equiparar o agradável, ou o prazer-adjetivo, à própria felicidade. A admirável página do *Górgias* na qual Platão constrói progressivamente as noções de «bom», de «excelência», de «ordem», e depois encontra, por intermédio da de «conveniente», o encadeamento das «virtudes» clássicas da παιδεία grega – temperança, sabedoria, justiça, piedade, coragem – inicia toda a série de Tratados das Virtudes até aos nossos dias. Tomada no seu sentido primitivo de excelência, a «virtude» é o conceito crítico que mantém o visar intencional da atividade no seu conjunto. Ao designar e distinguir as excelências múltiplas e colegiais da ação, as «virtudes» reorientam a atividade para a sua totalidade duradoura e final. A temperança, em particular, que diz diretamente respeito ao bom uso do prazer, oferece à atividade a sua disponibilidade e a sua abertura. Ela é a ἐποχή «prática» do prazer, graças à qual a dinâmica da preferência é reposta em

(93) Platão, *Górgias*, tradução de Manuel de Oliveira Pulquério (Lisboa: Edições 70, 6.ª edição, 2006).

(94) *Ibid.*, 499b, p. 159.

(95) *Ibid.*, 500c, p. 163. [tradução modificada]

(96) *Ibid.*, 506e, p. 179.

(97) *Ibid.*, 506d-e, p. 159.

(98) *Ibid.*, 506e, p. 179. [tradução modificada]

movimento. Quem é senhor dos seus prazeres é livre nos seus atos e aberto à felicidade. É o sentido desta proposição que a predicação moral tornou tão banal: «A felicidade consiste nas atividades que se produzem de acordo com a virtude.» (*) De facto, se assumida na sua intenção mais radical, a crítica do prazer representa, por fim, o longo desvio de uma justificação da felicidade como prazer superior: «E isto implica forçosamente, Cálicles, primeiro, que o homem sensato, que demonstrámos ser justo, corajoso e pio, seja também perfeitamente bom; depois, que, sendo bom, só fala aquilo que é bem; finalmente, que, procedendo bem, seja afortunado e feliz, ao passo que o mau, procedendo mal, é infeliz» ([99]).

Ora, esta felicidade que a reflexão sobre as «excelências» do homem «bom» restitui é, finalmente, a forma suprema do agradável. A hierarquia do bom é uma hierarquia do próprio agradável que o completa [*parachève*]. O agradável está para o bom tal como o prazer está para a função vital realizada: uma completude vivenciada, sentida como um *analogon* do prazer. Por fim, o prazer descoberto no final da *epochê* [suspensão] do prazer substantivo é a felicidade como auge do prazer adjetivo, isto é, do agradável ([100]).

É isso que eu compreendo antes de qualquer reflexão sobre o mal, sobre a hostilidade da sensibilidade relativamente à lei ou sobre a coerção do dever. Mais ainda, não compreendo o prazer como «patológico», no sentido kantiano, a não ser a partir da destinação originária do prazer, da sua função de completude em relação ao «bom», o qual é, ele próprio, assumido em todos os níveis da atividade humana. E se é verdade que é através do desvio por uma reflexão sobre as «virtudes» que compreendo a amplitude afetiva do agradável, também o é que compreendo essas virtudes, antes de qualquer decadência, como o desabrochar, a realização das capacidades ou funções do homem, em suma, como uma afirmação plena e não como uma coerção e uma negação. O dever é uma função do mal; a virtude é uma modalidade, uma forma diferenciada da «destinação» (*Bestimmung*), da «obra» (ἔργον) do homem; a virtude é a essência afirmativa do homem, prévia a toda a decadência e a todo o dever que proíbe, constrange e entristece.

([99]) Aristóteles, *Ética a Nicómaco, op. cit.*, X, 1177a, 11, p. 242 [tradução modificada]. [*N. dos T.*]

([99]) Platão, *Górgias, op. cit.*, 507c, p. 179.

([100]) Aristóteles, *Ética a Nicómaco*, X, 1177a, 23, p. 243.

No final desta dialética afetiva, na qual a felicidade serviu de *tema crítico* em relação ao prazer, parece que a ideia de felicidade, elaborada no quadro limitado da dialética da felicidade e do carácter, não era senão uma ideia, uma exigência de totalidade oposta à singularidade de uma perspetiva existencial. Esta ideia foi enriquecida por um sentido afetivo imenso. Doravante, ela é a forma mais excelente do próprio prazer. Ao hierarquizar o prazer, a ideia de felicidade recebe dessa mesma crítica a plenitude afetiva da qual carecia: ela é o maior prazer.

Esta amplitude da vida de sentimento, que os Gregos compreenderam ao meditarem sobre a felicidade e o prazer, a psicologia contemporânea encontrou-a por outros caminhos. Por um lado, a psicologia dos sentimentos vitais enriqueceu-se com todas as investigações acerca das *regulações* afetivas de carácter funcional. Por outro, a filosofia dos sentimentos espirituais enriqueceu-se com todas as meditações acerca dos sentimentos que podemos chamar ontológicos. Não devemos sacrificar uns aos outros, mas usar antes este duplo convite do pensamento contemporâneo como um meio para renovar a antiga dialética do prazer e da felicidade.

A «perfeição» do prazer que «completa» a ação realizada sem entraves chama-se, hoje, função reguladora. Todo o esforço dos contemporâneos para distinguir a função útil de sinalização que se liga ao sentimento da desordem emocional e de todas as outras formas de desregramento, prolonga a luta de Aristóteles contra as depreciações moralizantes e patológicas do prazer.

Isto torna ainda mais surpreendente o facto de a reabilitação do sentimento enquanto regulador conduzir aos mesmos embaraços que a justificação aristotélica do prazer e da sua perfeição no instante. Porque o sentimento apenas recebe uma justificação funcional numa perspetiva de adaptação ao meio biológico e cultural. O sentimento assinala o ponto em que estamos no trajeto de resolução das tensões. As suas modalidades e as suas nuances sentidas balizam as fases da ação desencadeada por um qualquer desequilíbrio em busca de um novo equilíbrio. O sentimento constitui, assim, uma função de reequilíbrio do ser vivo. Compreender o seu papel neste processo, é compreendê-lo.

As dificuldades começam a partir desse reconhecimento do papel funcional e regulador do sentimento. O que está em causa é a pressuposição mais geral dessa normatividade, a saber, a própria ideia de adaptação a um meio supostamente dado. Esta dúvida relativamente à ideia de adaptação domina todas as outras questões: qual é a *validade*, na psicologia humana, de todas essas noções de tensão, de resolução, de equilíbrio, de readaptação? Esta questão não é uma repetição daquela que evocámos anteriormente e que dizia respeito ao valor da própria metáfora; trata-se de saber se há direito de transportar para a antropologia um esquema adaptativo que é válido na psicologia animal. Esta extensão requer uma crítica cujo princípio encontro, precisamente, na dialética grega entre o prazer e a felicidade.

Esta extensão não é, de facto, ilegítima; o seu valor heurístico e explicativo seria incompreensível se esses conceitos de estilo adaptativo não descrevessem uma situação humana real; mas a situação que descrevem exatamente é caracterizada pelo *esquecimento* e pela *dissimulação* da destinação ontológica do desejo humano; é uma situação humana reduzida e simplificada ao ponto de imitar o vital no cultural. De facto, apenas as funções vitais de cariz periódico podem, em rigor, ser julgadas por um critério de adaptação, porque comportam uma resolução finita das suas tensões; no entanto, nós colocamo-nos a nós mesmos, de múltiplas maneiras, numa situação análoga; certas atividades profissionais requerem unicamente a aplicação de uma parte isolada da nossa personalidade, a qual nós dedicamos, por assim dizer, a um trabalho; neste horizonte limitado por uma tarefa precisa, o ajustamento pode também ser finito e medido segundo normas de eficiência; através desta abstração, no sentido forte da palavra, o homem encontra-se colocado numa situação equivalente à das funções vitais, que têm uma terminação finita. Mas esta equivalência é provisória; porque o homem *pode* infringir os limites dessa abstração: é isso que se passa a partir do momento em que coloca a sua vida acima da execução de qualquer tarefa finita e considera o seu trabalho como um meio de ganhar a sua vida; o seu desejo vai então para lá do seu trabalho, para aquilo que poderá obter com o seu trabalho, que já não é, aos seus olhos, senão o custo social da sua subsistência, do seu lazer, da sua vida.

Por maioria de razão, a ideia de adaptação presta-se a certas determinações cada vez menos precisas e a certos critérios cada vez menos exatos, à medida que os «papéis» sociais que temos de desempenhar comportam tarefas mais imprecisas e menos suscetíveis de medida definida. A saturação da tarefa já não pode ser sentida, de forma equívoca, como sendo um sucesso. O sentimento de ocupar o seu lugar na sociedade coloca em jogo coisas tão complexas quanto o nível de vida, e, sobretudo, a forma de vida que tal profissão impõe ou permite. Todos os aspetos da personalidade estão mais ou menos implicados nesta avaliação. As profissões apresentam-se, na verdade, como carreiras mais ou menos «abertas» ou «bloqueadas», nas quais podemos elevar o nosso nível de pretensão. Assim sendo, somos nós próprios a origem de desequilíbrios que não são determinados de forma unívoca pela tarefa social. As condições do nosso ajustamento não são definidas pelo meio mas também, parcialmente, pelas exigências que decorrem de toda a nossa personalidade, que se exprime no mesmo nível das nossas pretensões. Passando assim da ideia de tarefa definida por normas à de nível de pretensão, determinada em conjunto pela sociedade e pela personalidade do indivíduo, introduzimos, no próprio âmago das ideias de equilíbrio, de adaptação, de ajustamento, um factor de inexatidão que tende a torná-las inutilizáveis.

Mas nós tratamo-nos a maioria das vezes como objetos; o trabalho e a vida em sociedade requerem esta objetivação; a nossa própria liberdade apoia-se nestas regularidades sociais que nos conferem uma existência rotineira. Assim, nós próprios criamos, e em nós mesmos, as condições de validade dos conceitos da psicologia moderna. Esses conceitos são adaptados a um homem que se adapta.

Mas esta existência objetificada – já para não falar da «reificação» de que falaremos mais tarde – não esgota a possibilidade fundamental do homem. Retomando como guia a amplitude do conhecer, podemos sempre desvelar uma amplitude correspondente no sentimento e recusar, por princípio, a identificação do sentimento com uma regulação afetiva, para a qual tende a psicologia da adaptação.

O homem seria inteira e radicalmente definível em termos de adaptação se fosse possível afirmar que a sua vida, o seu trabalho e até a sua inteligência consistem em resolver problemas. Mas o homem é mais fundamentalmente aquele que põe problemas, que coloca questões – ainda que só o fizesse colocando em questão os próprios fundamentos dessa sociedade que o convida a adaptar-se de maneira acrítica ao seu regime de trabalho, de propriedade, de direito, de lazer, de cultura.

É nessa capacidade corrosiva da interrogação que se alimenta toda a crítica em relação ao próprio projeto de ajustamento fechado, de adaptação finita.

É aqui que a psicologia da motivação, explodindo, vem ao encontro da filosofia e da sua dialética do prazer e da felicidade; porque se a noção contemporânea de regulação afetiva prolonga a teoria antiga do prazer, que, de acordo com Aristóteles, completa a atividade em si perfeita, já a meditação a propósito dos sentimentos aos quais podemos chamar espirituais e ontológicos, prolonga, por seu lado, a «erótica» platónica, a qual não é senão um aspeto do «eudemonismo» socrático. De facto, independentemente das diferenças na conceção do Bem e do Ser no interior do movimento socrático, é sempre o retrato do homem feliz que todos os socráticos procuram esboçar.

Mas a psicologia do sentimento sem a filosofia da razão é cega. Aquilo que na confusão afetiva distingue o visar da felicidade do visar do prazer é a razão, a razão em sentido kantiano, a razão enquanto exigência da totalidade. A felicidade tem a mesma amplitude da razão. Somos capazes de felicidade porque a razão «exige efetivamente a totalidade absoluta das condições para um condicionado dado» ([101]). «Exijo» através da razão aquilo que «persigo» através da ação e aquilo ao qual «aspiro» através do sentimento. O sentido, a palavra, o verbo que interrogávamos no primeiro capítulo, a razão prática que nos aparecia já no segundo capítulo na ideia vazia da felicidade, anunciavam assim um momento correspondente do sentimento que representaria uma abertura afetiva no fechamento do Cuidado.

Estamos recordados desse belo texto em que Kant – o filósofo que começou por recusar a felicidade como princípio da moralidade – encontra, na raiz de toda a dialética e de toda a ilusão transcendental, «uma perspetiva (*Aussicht*) para uma ordem mais elevada, imutável, das coisas, na qual já nos encontramos e em que podemos ser instruídos mediante preceitos determinados a prosseguir a nossa existência em conformidade com a suprema determinação da razão» ([102]). Este texto faz-nos entender

---

([101]) Kant, *Crítica da Razão Prática*, *op. cit.*, «Dialética da Razão Prática», p. 125.

([102]) *Ibid.*, p. 126 [tradução modificada].

claramente o que pode significar uma génese recíproca da razão e do sentimento.

Por um lado, é a razão, enquanto abertura para a totalidade, que gera o sentimento, enquanto abertura para a felicidade. Em contrapartida, é o sentimento que interioriza a razão; ele revela-me que a razão é a minha razão, pois é através dele que eu me aproprio da razão. Ou, para o exprimir em linguagem platónica: nós somos da raça das ideias; o Eros que se dirige para o ser é também o que se lembra do ser como a sua Origem. Em linguagem kantiana: a razão é a minha «determinação» e a minha «destinação» – a minha «*Bestimmung*» –, a intenção pela qual sou capaz de «prosseguir a nossa existência». Em suma, o sentimento revela a identidade entre existência e a razão, personaliza a razão.

Não há dúvida de que teremos de dizer mais, sob pena de cair num simples formalismo que deixa escapar o essencial da revelação do sentimento. No próprio texto de Kant que evocámos acima, tratava-se «dessa ordem mais elevada, imutável, das coisas, *na qual* já agora nos encontramos e *em que* podemos ser instruídos mediante preceitos determinados a prosseguir a nossa existência» ([103]). O sentimento não é inteiramente ele mesmo a não ser por essa exigência de estar já em..., por essa *inesse* originária. O sentimento é mais do que a identidade da existência e da razão na pessoa, é a própria pertença da existência ao ser cuja razão é o pensamento.

É aqui que se manifesta plenamente, embora numa confusa antecipação, aquilo a que chamámos acima a identidade da intenção e da afeção no sentimento, no qual reconhecemos a contrapartida da dualidade do sujeito e do objeto. A razão sem o sentimento permanece na dualidade, na distância. O sentimento atesta que, seja o que for o ser, nós somos nele; não é o Totalmente Outro mas o meio [*milieu*], o espaço originário no qual continuamos a existir.

Este sentimento fundamental, este Eros pelo qual estamos no ser, especifica-se numa diversidade de sentimentos de pertença que são, de certo modo, a sua esquematização. Estes sentimentos, ditos «espirituais», já não são suscetíveis de qualquer satisfação finita; constituem o polo de infinidade de toda a nossa vida afetiva. Esta esquematização faz-se em duas direções: a da participação

---

([103]) *Ibid.*, p. 126.

interpessoal [*inter-humaine*] em «Nós», e a da participação em certas tarefas, em certas obras suprapessoais que são «Ideias». Na primeira direção, o sentimento fundamental esquematiza-se em todas as modalidades da *philia*. A *inesse* [ser-em] assume a figura de um *coesse* [ser-com]; a infinidade do sentimento manifesta-se no facto de nenhuma comunidade histórica organizada, nenhuma economia, nenhuma política, nenhuma cultura humana, poderem esgotar essa exigência de uma totalização das pessoas, de um Reino no qual apesar de tudo habitamos e sendo ele «o único no qual somos capazes de continuar a nossa existência». Este esquema interpessoal do ser ramifica-se ele próprio nas formas de acolhimento do mais distante e na afinidade pelo próximo. Mas eu não posso separar o próximo do distante, tal como não posso separar a amizade pelas pessoas da devoção pelas Ideias. O englobante é essa própria dialética das figuras da *philia* no interior da relação interpessoal, à qual correspondem dois rostos do próximo *e* a dialética mais vasta das duas pertenças, a pertença a um «Nós» e a pertença a «Ideias», que manifestam a nossa inerência ao ser no seu conjunto. A participação interpessoal é impossível sem a consciência de se fazer parte de um tema criador que dá o seu teor de sentido à comunidade, conferindo-lhe assim uma ligação e uma finalidade. É sempre uma Ideia que dá um horizonte de sentido ao crescimento de um «nós» e de uma «amizade». Esta participação amorosa nas ideias é, por excelência, sentimento noético ou espiritual; em nenhum outro lado sentimos de forma mais evidente que a razão não nos é estranha e que, pelo contrário, nós somos razão, ela faz parte de nós.

Por intermédio desta breve esquematização do sentimento ontológico, acedemos ao que se poderia chamar a polaridade entre Coração [*Cœur*] e o Cuidado [*Souci*]. O «coração» é simultaneamente o órgão e o símbolo daquilo a que acabámos de chamar os «esquemas» do sentimento ontológico. Aí descobrimos não só os esquemas interpessoais do *ser-com* como também os esquemas suprapessoais do *ser-para* e o visar fundamental do *ser-em*; aí, o Coração aparece sempre como o outro polo do Cuidado; a sua disponibilidade fundamental opõe-se sempre à avareza do corpo e da vida; o sacrifício é a forma dramática que, numa situação de catástrofe, reveste a sua transcendência. Ora, o sacrifício atesta, no limite da vida, que é a mesma coisa dar a sua vida pelos seus amigos e morrer por uma ideia. O sacrifício manifesta a unidade fundamental dos dois esquemas de pertença, o esquema da amizade e o esquema da devoção (ou da lealdade). A amizade está para outrem tal como a devoção está para a ideia, e os dois em conjunto constituem a perspetiva – a *Aussicht* – «sobre uma ordem na qual só nós podemos continuar a existir».

Esta ideia de uma «esquematização» do sentimento ontológico permite, porventura, resolver numerosas dificuldades que se ligam à própria noção de sentimento ontológico. Antes de mais, a multiplicidade de sentimentos de intenção ou de pretensão ontológica deixa de ser uma objeção decisiva contra a própria ideia de sentimento ontológico se considerarmos que o sentimento é aqui promessa mais do que posse. Ele antecipa mais do que dá. De igual modo, os sentimentos espirituais são sentimentos de transição em direção à felicidade. A felicidade, já o dissemos, só é designada pelos «signos» da felicidade, e esses signos só estão acessíveis ao ponto de vista de um carácter. Uma tipologia também não é nada de contraditório, na medida em que existem muitas maneiras de o indivíduo se sentir orientado para a realização [*accomplissement*]. Determinado indivíduo detém-se nos signos e desfruta deles; outro é mais sensível ao aumento da sua potência de existir e sente alegria nisso; este saboreia antecipadamente o seu triunfo e exulta; aquele sente-se graciosamente pleno e abunda em reconhecimento; outro, ainda, sente-se livre do fardo da existência, leve, ao abrigo de qualquer ameaça, e aprecia o seu elevado grau de despreocupação, uma serenidade e uma paz inalteráveis. A felicidade seria tudo isso, ao mesmo tempo, sempre. Aquilo que nos apareceu noutro lugar como uma tipologia regulada pela diversidade dos caracteres, aparece-nos agora como uma esquematização segundo a diversidade das situações iniciais a partir das quais apreendemos essa ordem em que podemos continuar a existir: tal situação acentua a ligação interpessoal e requer mais atenção às pessoas do que às ideias; outra acentua a ligação através da ideia e faz surgir o sentimento como capacidade de sofrer por uma Causa.

Talvez a mesma ideia de «esquematização» do sentimento também permita dar conta de sentimentos de alcance ontológico que, no entanto, não se colocam sob o signo de pertença às «Ideias» ou de pertença a um «Nós». São sentimentos propriamente informes, tonalidades, *Stimmungen*, sentimentos atmosféricos, como também se lhes chamou. Acabámos de enumerar alguns, por ocasião da tipologia da felicidade: fruição, alegria, exultação, serenidade...

A sua significação profunda surge, possivelmente, em relação aos sentimentos «esquematizados»; eles são como a contrapartida dessa esquematização. Pelo seu carácter informe, designam o sentimento fundamental do qual os sentimentos determinados são os esquemas, a saber, a própria abertura do homem ao ser. É certo que nem todos os sentimentos atmosféricos têm esta intenção ontológica; encontramo-los em todos os níveis da existência, em particular no nível vital (sentimento de bem-estar, de mal-estar; de bom humor, de mau humor; de ligeireza, de peso; de vivacidade, de fadiga, etc.); todos os sentimentos são suscetíveis de tomar forma ou de regressar ao informe; isso é uma consequência da estrutura intencional do sentimento em geral. Umas vezes, ele toma forma consoante os objetos de conhecimento aos quais associa os seus epítetos sentidos, outras regressa ao informe consoante a lei de interiorização, de introspeção, de um novo mergulho no fundo de vida de onde os atos intencionais emergem. É por isso que nem todo o informe é ontológico; também o informe se hierarquiza consoante os planos de atividade que a existência humana percorre. Mas, se nem todos os sentimentos atmosféricos são ontológicos, é compreensível que o ontológico se manifeste por «tonalidades» afetivas informes. Dir-se-ia que o incondicionado, que é pensado mas não conhecido por meio de determinações objetivas, é sentido numa modalidade igualmente informe do sentimento. Se o ser está «para lá da essência», se é horizonte, é compreensível que os sentimentos que interiorizam mais radicalmente o visar supremo da razão estejam eles próprios para lá da forma. Só «tonalidades» conseguem manifestar a coincidência do transcendente, segundo determinações intelectuais, e do íntimo, segundo a ordem do movimento existencial. O auge do sentimento de pertença ao ser deve ser aquele em que aquilo que é mais desligado do nosso fundo vital – aquilo que é absoluto, no sentido forte do termo – se torna o coração do nosso coração [*le cœur de notre cœur*]; mas então não nos é possível nomeá-lo, mas apenas apelidá-lo de o Incondicionado que a razão exige e cuja interioridade é manifestada pelo sentimento.

Objetar-se-á, em última instância, que o sentimento ontológico se suprime a si mesmo quando se divide em negativo e positivo? A oposição entre Angústia e Beatitude não advogará contra a própria ideia de sentimento ontológico? Talvez essa oposição não tenha outro alcance além da distinção da *via negativa* e da *via analogiae* [via analógica] na especulação a propósito do ser. Se o ser é aquilo que os seres não são, a angústia é o sentimento por excelência da diferença ontológica. Porém, é a Alegria que atesta que estamos envolvidos nessa mesma ausência do ser nos seres. É por isso que a Alegria espiritual, o Amor intelectual, a Beatitude de que falam Descartes, Malebranche, Espinosa, Bergson, designam, usando nomes diversos e em diferentes contextos filosóficos, a única «tonalidade» afetiva digna de ser nomeada *ontológica*. A angústia não é senão o avesso da ausência e da distância.

Que o homem seja capaz de Alegria, de Alegria pela angústia e através da angústia, constitui o princípio radical de toda a «desproporção» na dimensão do sentimento e a origem da *fragilidade afetiva* do homem.

3. O θυμός: ter, poder, valer

A desproporção entre o princípio do prazer e o princípio da felicidade expõe a significação propriamente humana do *conflito*. De facto, só o sentimento pode revelar a fragilidade como conflito; a sua função de interiorização, contrária à função de objetivação do conhecer, explica que a mesma dualidade que se projeta na síntese do objeto se reflita como *conflito*. Para uma análise simplesmente transcendental, como nos recordamos, o terceiro termo, o termo da síntese, aquele a que Kant chama imaginação transcendental, é tão-somente a possibilidade da síntese no objeto. Não é de modo algum uma vivência, uma experiência suscetível de ser dramatizada; a consciência a cujo âmbito pertence não é de todo consciência de si, mas unidade formal do objeto, projeto do mundo. No caso do sentimento, o que se passa é completamente diferente; interiorizando a dualidade que constitui a nossa humanidade, ele dramatiza-a como conflito; com ele, a dualidade polémica da subjetividade responde à síntese sólida da objetividade.

Uma investigação da dinâmica afetiva, conduzida pela antinomia entre a resolução finita do prazer e a resolução infinita da felicidade, pode conferir constância e crédito ao que é ainda apenas uma hipótese de trabalho, uma grelha de leitura. Esta investigação desenvolveria as breves anotações consagradas ao θυμός no livro IV de *A República*. Platão, recordamo-nos, via nele o ponto em que se resume a contradição humana: diz Platão que ele ora se coloca do lado do desejo, do qual é o traço agressivo, a irritação, a cólera; ora luta do lado da razão, da qual se torna a força de indignação e a coragem para empreender. É esta a direção na qual é preciso procurar, se se quiser fazer surgir um terceiro termo que já não seja apenas intencional e perdido no objeto, como a imaginação transcendental, mas sensível ao coração. Com efeito, o θυμός é exatamente o coração humano, a humanidade do coração.

Sob o signo desse θυμός ambíguo e frágil, é possível colocar toda a região mediana da vida afetiva entre as afeções vitais e as afeções espirituais, em suma, toda a afetividade que faz a transição entre o viver e o pensar, entre βίος e λόγος. É significativo que seja nesta região intermédia que se constitui um *si*, diferente dos seres naturais e diferente de outrem. O viver e o pensar, cujas afeções específicas explorámos sob o signo da ἐπιθυμία e do ἔρως, estão alternadamente aquém e além do *Si*. Só com o θυμός é que o desejo se reveste do carácter de diferença e de subjetividade que faz dele um Si. Inversamente, o Si supera-se nos sentimentos de pertença a uma comunidade ou a uma ideia. Nesta medida, o *Si* é, ele próprio, um «entre-dois», uma transição. Ora, é preciso tentar surpreender esta diferença do si aquém da preferência por si que a torna hostil e malvada. A preferência por si, a qual é a falta [*faute*] ou um aspeto da falta, descobre, justamente nesta constituição da diferença, a estrutura de falibilidade que a torna possível sem a tornar inevitável. Temos por isso de aprofundar, penetrar *sob* as «paixões» que na vida histórica e cultural do homem ocultam a inocência da «diferença» sob o véu da «preferência» orgulhosa e mortífera.

Esta tarefa não é simples. Os antigos *Tratados das Paixões* ignoraram por completo este problema. Estes tratados, de tipo tomista ou cartesiano, cingem-se deliberadamente à dimensão do desejo com terminação *finita* e só ocasionalmente se deparam com o confronto entre as duas afetividades, por exemplo quando distinguem entre prazer sensível e alegria espiritual, ou assinalam que eles se impedem mutuamente, ou a repercussão do espiritual no sensível. Por o seu objeto não ser a dialética afetiva, escapou-lhes o problema do intermediário, do θυμός.

A análise do «irascível» em São Tomás é, a este respeito, reveladora. O irascível não é uma instância original da vida afetiva mas apenas uma complicação e uma peripécia do concupiscível.

O ciclo concupiscível abre com o amor (*amor*), tem o seu auge no desejo (*desiderium*) e encerra no prazer (*delectatio, gaudim, laetitia*); paralelamente, o ódio (*odium*) termina com a dor (*dolor, tristitia*), através da repulsa (*fuga*). Estas «paixões» distinguem-se pelo seu objeto: o amável, que é o bem sentido como natural, apropriado, conveniente; o desejável, que é o mesmo bem sentido como ausente e distante; o agradável, que é o bem possuído. É a mesma *intenção* do «bem» e do «mal» sensíveis que varia consoante a complacência, a ausência e a presença, e é o «repouso» específico do prazer que confere sentido a esta *intentio* [*intenção*] (ainda que seja o termo mais sensível, o desejo, que dá o seu nome a todo o ciclo). Esta nota é importante porquanto todas as paixões seguem uma ordem direcionada para esse termo, que é o final na ordem da execução, mas primeiro na ordem da intenção. O «irascível» não rompe verdadeiramente este ciclo, apenas o complica. De facto, é no desejo que São Tomás enxerta as novas paixões cujo título genérico lhes é dado por uma delas, a cólera. Mas, com efeito, o seu objeto é somente um aspeto do «bem» ou do «mal»: é o bem ou o mal enquanto árduo, isto é, difícil de atingir ou difícil de superar. É esta peripécia do difícil que dá às paixões a oportunidade de confronto e de combate: a esperança, que considera o obstáculo como proporcional às minhas forças e o bem como acessível; o desespero, que faz surgir o bem fora do alcance; o temor, que sente o mal como superior às minhas forças e invencível; a audácia, que se sente à altura de superar o obstáculo; e, por fim, a cólera que, na presença de um mal já feito, não tem outra solução exceto a de rebelar-se e de infligir represálias ao que ofendeu. Esta descoberta do irascível é decerto bastante importante, mas nos limites de uma psicologia da adaptação, do ajustamento finito. Dentro desses limites, ela tem o mérito de distinguir o momento de agressividade como o longo desvio da fruição: e é de lamentar que Descartes tenha abolido esta descoberta agrupando numa só «paixão», à qual chama «desejo», o desejo tomista, o seu contrário, a fuga, e todo o grupo das paixões do irascível: esperança, desespero, temor, audácia e cólera.

Esta redução cartesiana de todo o «irascível» ao desejo não deixa de ter alguma razão de ser. Ela revela que o irascível não constitui verdadeiramente um nível afetivo original, mas um simples prolongamento do ciclo finito (amor – desejo – prazer; ódio – repulsa – dor). Sem lhe alterar na essência o sentido, o bem difícil, suscetível ou não de ser atingido, o mal difícil, invencível ou vencível, continuam a ser bem e mal sensíveis. Assim, também as paixões do irascível permanecem ordenadas consoante as valências do concupiscível. A peripécia de *accessus* [avanço] e de *recessus* [recuo] que elas regulam são apenas um episódio agitado do caminho até à consumação, antecipado na «complacência» do amor e orientado pela *intentio quiescens* [intenção repousante] do prazer.

E, contudo, este carácter «intercalar» das paixões do irascível é contestado pela descrição fina. Em múltiplas ocasiões, o postulado desta psicologia centrada nos bens a utilizar e consumir [consommer-consumer] revela-se insuficiente. A inserção da pessoa de outrem entre os objetos consumíveis para os quais se dirige o apetite sensível, constitui uma peripécia singularmente mais decisiva do que a inserção do obstáculo e do perigo entre o desejo e o prazer ou entre a repulsa e a dor (dado que os obstáculos e os perigos mais importantes da vida procedem da realidade intersubjetiva). Ora, a complacência e a união, a partir das quais se regem quer o tratado tomista quer o tratado cartesiano, são a complacência pelo bem-coisa [*bien-chose*] e a união com o bem-coisa. É preciso dizer inclusive que, em rigor, a descrição do ciclo amor-desejo-prazer vale unicamente para a união alimentar. O amor sexual não é desejo de união no mesmo sentido. As exigências que o atravessam e às quais regressaremos mais adiante, em particular à exigência de reciprocidade, impedem que este se reduza, a não ser por imaturidade ou regressão, a uma necessidade de orgasmo para a qual o outro seria apenas um meio acidental e não um parceiro essencial. Na própria estrutura biológica da necessidade sexual está inscrita a referência a signos externos que de imediato a ligam a um semelhante da mesma espécie, irredutível a um objeto a consumir.

Por maioria de razão, o amor de amizade é de uma ordem distinta da do amor de concupiscência. É claro que São Tomás e Descartes o sabiam como nós; e viam claramente o papel que outrem desempenha em muitas outras paixões além do amor, nas paixões fundamentais do ódio e da cólera, assim como em muitas outras paixões «derivadas» – inveja, ciúme, etc. ([104]). No entanto,

([104]) São Tomás distingue assim entre o amor de amizade e o amor de concupiscência; à primeira vista a diferença é apenas de tom; o primeiro volta-se para *aquele a quem* se quer bem; o segundo para o *bem* que se deseja

não tiravam disso qualquer consequência teórica. Continuavam a descrever o prazer em termos gerais, como aquilo que coroa uma atividade sem impedimentos, sem que se distinga, nessa perfeição desnecessária, entre, por um lado, o consumo específico ao prazer alimentar, e, por outro, a união recíproca da amizade, e, mais genericamente, os modos de «satisfação» das outras exigências das quais outrem é o destinatário [*vis-à-vis*] ou o pretexto. O «bem» permanece neutro, indiferente à distinção entre coisa e pessoa. A distinção, que fora tida em conta por um momento, entre o amor de concupiscência e o amor de amizade, entre o ódio como repulsa e o ódio como vontade de prejudicar, entre a cólera como irritação contra o obstáculo e a cólera como vingança contra outrem, acaba por ser reduzida a uma distinção acidental no interior da ideia de

---

a alguém; mas o amigo é amado por si mesmo, «ao passo que o que é o bem de outrem não é bom senão relativamente. Logo, o amor com o qual se ama alguém quando se lhe quer bem é o amor puro e simples; e o amor que se tem por uma coisa para que ela se torne o bem de um outro é um amor relativo» (*Somme Théologique,* 1a, 2a., quest. 26 (o Amor), artigo 4, conclusão. Tradução francesa de Maurice Corvez (Paris: Desclée, 1949), p. 93. [Tradução Portuguesa: Tomás de Aquino, *Suma Teológica,* vol. 3 (Secção I, Parte II) (São Paulo: Edições Loyola, 2003). Por conseguinte, o amor de concupiscência apenas se mantém salutar enquanto permanecer subordinado ao amor de amizade, como a componente narcísica do amor (veja-se o que diz sobre isso um comentador de São Tomás: Corvez, em *Somme Théologique, op. cit.*, I., p. 218).

Não é possível salientar melhor a subversão que o *amor por alguém* introduz na descrição do amor por *alguma coisa.* Isto é tanto mais surpreendente quanto a teoria do prazer com a qual termina a do amor já não evidencia qualquer traço dela. O exemplo da cólera é mais notável ainda; ela foi descrita primeiramente como uma insurreição contra o mal já aí [*déjà là*]; considerada de forma mais atenta, ela revela dois objetos: a vingança que deseja e que é um bem, e o adversário contra o qual ela se vinga e que é um mal (questão 46). Assim, o ódio ao qual a comparam aparece, também ele, como sendo fundamentalmente intersubjetivo enquanto vontade de fazer mal a alguém; a este respeito, a sua malícia é mesmo superior à da cólera, a qual, desejando a vingança, esboça um movimento de retribuição que, portanto, é de justiça punitiva; o esquema inicial do ódio é profundamente modificado por esta observação; no quadro da psicologia do concupiscível, o ódio era tão-somente uma dissonância do apetite relativamente «ao que é percebido como hostil e nefasto» (*ibid.*, questão 29, art. 1, conclusão); esta definição geral não deixa prever que a referência a outrem lhe seja essencial.

«bem» ou de «mal» sensíveis. Contudo, é o encontro com outrem que rompe a figura cíclica e finita do apetite sensível.

Por conseguinte, é do lado de paixões essencialmente, e não acidentalmente, interpessoais, sociais, culturais, que devemos procurar a ilustração do θυμός. A *Antropologia de um Ponto de Vista Pragmático* de Kant vai mais longe a este respeito do que os *Tratados das Paixões*. A trilogia das paixões de possessão (*Habsucht*), de dominação (*Herrschsucht*), de honra (*Ehrsucht*) é, desde logo, uma trilogia de paixões *humanas*; requer, logo à partida, situações típicas de um meio de cultura e de uma história humana; e assim é também de imediato contestada a validade de um esquema da afetividade que seja indistintamente animal ou humano.

No entanto, com as paixões da *Antropologia de um Ponto de Vista Pragmático* kantiana, a dificuldade é a inversa da dos *Tratados* tomista e cartesiano. Estes escapavam, por direito [*de droit*], ao moralismo pois reduziam a afetividade humana à sua raiz animal; as paixões elementares eram assim dispostas em benefício do empreendimento purificador e libertador da psicologia aristotélica do prazer; e, deste modo, São Tomás e Descartes podiam constituir uma «física» e não uma «ética» das afeções primitivas. Partindo, ao contrário, de paixões especificamente humanas, Kant coloca-se de imediato perante figuras *caídas* da afetividade humana. A *Sucht*(*) de cada uma dessas paixões exprime a modalidade de aberração, de delírio, na qual elas entram na história. Justifica-se, sem dúvida, que uma antropologia elaborada de um «ponto de vista pragmático» proceda desta maneira, e considere as «paixões» como sendo sempre já caídas. Mas uma antropologia filosófica deve ser mais exigente. Ela deve proceder à restauração do originário que se situa na raiz do caído [*déchu*]. Assim como Aristóteles descreve a perfeição do prazer além de qualquer «intemperança», é preciso encontrar, por trás dessa tripla *Sucht*, a «exigência» de humanidade, a busca já não louca e servil mas constitutiva da *praxis* humana e do *Si* humano. É *preciso* proceder assim; porque ainda que não *conheçamos empiricamente* essas exigências fundamentais a não ser na sua figura deformada e hedionda, sob a forma da avidez, das paixões do poder e da vaidade, não *compreendemos na sua essência* essas paixões senão como perversão de...; é mesmo

(*) O termo alemão *Sucht* ocupa o campo semântico que, em português, corresponde ao vício, à obsessão ou à mania. [*N. dos T.*]

preciso dizer que aquilo que compreendemos primeiramente são as modalidades primordiais do desejo humano e que são constitutivas da humanidade do homem; e só compreendemos, em seguida, as «paixões» como lapso, desvio, decadência a partir dessas exigências comuns. Essa compreensão, que é primeiro do originário e só depois do caído, esta última feita a partir e por meio do originário, requer indubitavelmente uma espécie de imaginação, a imaginação da inocência, a imaginação de um «reino» onde as exigências de ter, de poder e de valer não seriam o que de facto são. Mas esta imaginação não é um sonho fantástico. É, para usar as palavras Husserl, uma «variação imaginativa», que manifesta a essência, rompendo o prestígio do facto. Quando imagino outro facto, outro regime, outro reino, percebo o possível e, no possível, o essencial. A compreensão de uma paixão como sendo má requer essa compreensão do primordial através da imaginação de outra modalidade empírica, por meio da exemplificação de um reino inocente.

Estaremos nós, então, privados de qualquer guia nessa imaginação do essencial? De modo nenhum. Pode compreender-se o que seria uma exigência não-passional de ter, de poder e de valer, relacionando estas instâncias afetivas com as suas correspondentes dimensões da objetividade. Se a nossa teoria do sentimento for válida, então os sentimentos que gravitam em torno do poder, do ter, do valer, devem ser correlativos de uma constituição da objetividade a um nível distinto do da coisa simplesmente percecionada. De forma mais precisa, eles devem manifestar a nossa ligação a coisas e a aspetos de coisas que já não são de ordem natural, mas cultural. A teoria do objeto de modo algum termina numa teoria da representação: a coisa não é apenas aquilo para o qual os outros olham. Uma reflexão que interrompesse a constituição intersubjetiva da coisa no estádio da mutualidade dos olhares, continuaria a ser abstrata. Há que juntar à objetividade as dimensões económica, política e cultural; ao retomar a simples natureza, fazem dela um mundo humano. É, pois, o progresso da objetividade que deve balizar a investigação da afetividade propriamente humana. Se o sentimento revela a minha adesão e a minha inerência a aspetos do mundo aos quais já não me oponho como se fossem objetos, temos de mostrar quais são os aspetos novos de objetividade que se interiorizam nos sentimentos de ter, de poder e de valer.

Ao mesmo tempo que representam uma nova relação com as coisas, as exigências propriamente humanas instituem novas relações com outrem. Na verdade, a mutualidade dos olhares é uma relação intersubjetiva bastante pobre. A «diferença» de um Si não se constitui senão em ligação com coisas que acederam, elas próprias, à dimensão económica, política e cultural. Temos, portanto, de especificar e articular a relação do Si com outro Si por intermédio da objetividade que se edifica sobre os temas do ter, do poder e do valer.

Esta última observação fornece-nos simultaneamente um princípio de ordem. Partiremos da exigência do ter, inerente às paixões da possessão – é aí que as relações com as coisas governam mais claramente as relações com as pessoas; passando da exigência do ter à exigência da potência, veremos a relação com outrem sobrepor-se à relação com as coisas, a ponto de ser possível ao sacrifício do ter transformar-se na via austera da dominação; finalmente, a exigência da estima de outrem faz prevalecer, na constituição do si, uma *doxa*, uma «opinião» quase imaterial. Mas, apesar disso, a relação com as coisas não desaparece: mesmo sendo menos visível do que no caso do ter, a objetividade de nível político e cultural continua a balizar a emergência dos sentimentos humanos correspondentes. Essa objetividade torna-se simplesmente cada vez mais indiscernível da própria relação interpessoal, cujo evento consolida como instituição.

Devo assim, em primeiro lugar, tentar compreender as paixões do ter – avidez, avareza, inveja, etc. – por referência a uma exigência de ter que poderia ter sido inocente. Esta exigência é uma exigência de humanidade, na medida em que o «eu» se constitui aí apoiando-se num «meu». Assim como é verdade que a apropriação foi a ocasião de algumas das maiores alienações da história, também esta segunda verdade requer a primeira verdade de uma apropriação que seria constituinte antes de ser alienante.

A dimensão nova do objeto que aqui nos deve servir de guia é a dimensão propriamente económica. Com efeito, a psicologia humana permanece tributária de uma teoria das necessidades animais enquanto não procura do lado do objeto o princípio da sua especificidade. Não é uma reflexão direta sobre a necessidade que pode fornecer a chave do económico. É, ao contrário, a constituição prévia do objeto económico que pode diferenciar as necessidades propriamente humanas das necessidades animais.

Não sabemos de que é que o homem tem necessidade antes de sabermos aquilo que é economicamente um «bem». A desejabilidade humana é demasiado plástica, demasiado indefinida, para fornecer à economia política uma estrutura sólida. Ela torna-se humana justamente quando se torna económica, isto é, ao referir-se a coisas «disponíveis», suscetíveis de ser adquiridas, apropriadas, de entrar na relação entre o meu e o eu [*la relation du mien au moi*].

Esta relação específica com o objeto económico comporta uma significação que nem o concupiscível, nem mesmo o irascível, comportavam enquanto tendências animais que ligam o ser vivo a um meio natural. O objeto económico não é apenas fonte de prazer ou obstáculo a superar. É um bem *disponível.*

Esta transformação radical do «meio» animal em «mundo» humano remete, evidentemente, para o facto fundamental do trabalho. As coisas a desejar e a temer num meio natural não são produzidas pelo ser vivo. O homem, porque produz a sua subsistência, é um ser vivo que trabalha. E porque trabalha, institui uma nova relação com as coisas, a relação económica. Enquanto o animal se conserva, o homem subsiste e instala-se entre as coisas, tratando-as como posses.

É recuando do objeto, como objeto económico, para a afetividade correspondente, que se pode fazer surgir então a novidade dos «sentimentos» que se ligam ao ter. Enquanto a mera necessidade não é senão carência orientada, o desejo do objeto económico é relativo à *disponibilidade para mim* desse objeto. É a coisa como «disponível» que suscita todo o ciclo dos sentimentos relativos à aquisição, à apropriação, à posse, à conservação. Aqui, aquilo que é propriamente sentimento, é a interiorização da relação com a coisa económica, a ressonância do ter no eu sob a forma do «meu». O eu é assim afetado pelo ter, que se apega a mim e ao qual eu me apego. Através deste sentimento eu experiencio ao mesmo tempo o meu domínio sobre o ter, do qual posso dispor, e a minha dependência relativamente ao que me é outro e do qual me torno tributário. Disponho dele enquanto dependo dele; e dependo dele como de uma coisa que pode escapar-me, corromper-se, perder-se, ser-me retirada. A eventualidade de já-não-ter está inscrita na tendência a dispor de... A alteridade do meu, que é a falha entre o eu e o meu, é constituída por essa ameaça de perder o que tenho, e que tenho enquanto o retenho. A posse representa, pois, o conjunto das forças que resistem à perda.

Por sua vez, esta interiorização da relação com a coisa económica em sentimentos específicos é contemporânea das modalidades específicas da relação com outrem. O meu e o teu, por se excluírem mutuamente, diferenciam o eu e o tu mediante as suas esferas de pertença. Falando em absoluto, a multiplicidade dos sujeitos não é uma multiplicidade numérica. Cada *ego* guarda uma margem de indiferenciação espiritual que torna possível a comunicação e faz do outro o meu semelhante. Mas a exclusão mútua, iniciada pelo corpo enquanto espacialidade recortada e ocupada, continua através da expropriação mútua. A ligação ao corpo muda de carácter pela interferência da ligação ao meu. Se me importo com a minha casa por causa do meu corpo, a relação com o meu corpo torna-se, em contrapartida, tributária da relação económica com as coisas que o alimentam, vestem, protegem. A instalação, concretizando a encarnação, transforma-a de um lado ao outro. Além disso, a relação de apropriação invade paulatinamente a região do espírito: posso estar com os meus pensamentos numa relação de apropriação (tenho as minhas ideias sobre isso, digo eu). Simultaneamente, a expropriação mútua eleva-se do corpo ao espírito e conclui a cisão entre o eu e o tu até na sua intimidade.

Quererá isso dizer que toda a inocência do ter é inimaginável, que o ter é originalmente culpado e que a comunhão humana não é possível senão à custa do despojamento do ter? Certas formas históricas da apropriação são, sem dúvida, incompatíveis com uma reconciliação total; a crítica socialista do século XIX assume, a este respeito, um grande significado. No entanto, não posso *imaginar* uma suspensão do ter tão radical que eliminasse qualquer ponto de apoio do eu no meu. Se a bondade do homem tem de ser *possível*, mesmo a título de utopia do passado ou do futuro, essa bondade compreende a inocência de um certo ter. Uma linha de separação deve poder ser traçada, que passa não entre o ser e o ter, mas entre o ter injusto e uma justa posse que distinguiria os homens sem os excluir mutuamente. E mesmo se toda a inocência devesse ser recusada à apropriação privada, seria ao nível de um «nós» que se reafirmaria a relação entre o homem e o ter; através da mediação do «nós» e do «nosso», o «eu» chamaria a si, de novo, um «meu». Por conseguinte, a variação imaginativa depara-se com um limite que atesta a resistência de uma essência: não posso imaginar o eu sem o meu, o homem sem o ter. Em compensação, posso imaginar uma relação inocente do homem com o ter numa utopia da apropriação pessoal e comunitária. Mito do paraíso onde o homem apenas possui o que cultiva, apenas tem o que cria, utopia futura que é exemplar da relação originária entre o homem e o ter que, na verdade, se revela na história como relação sempre já caída [*toujours déjà déchue*]. Nunca farei sair desta relação originária, por génese fantástica, as paixões do ter; as formas dessas paixões nascem de outras formas históricas, e isso é infindável; e a psicologia nunca me mostrará o nascimento do impuro. A imaginação de uma apropriação inocente não tem como função revelar uma origem histórica do mal mas constituir a significação «má» da *Habsucht* [*possessão*], dando-lhe como fundo a exigência humana do ter e designando a *Habsucht* como «perversão» desse sentimento originário.

A segunda raiz da afirmação de si, aquela que se perverte em *Herrschsucht* [dominação], está ligada a uma nova situação do homem, à sua existência em relações de potência.

Esta relação do homem com o poder é irredutível à precedente, ainda que seja parcialmente implicada por ela. O poder do homem sobre o homem está inclusive duplamente implicado na relação do homem com o ter: em primeiro lugar, num sentido tecnológico, em seguida, num sentido económico e social. Há que manter presente a diferença de princípio entre as duas implicações do poder no ter para compreender a diferença dos problemas levantados pelo poder político e por esse poder derivado, implicado nas relações de trabalho e nas relações de posse [*relations de possession*].

O trabalho põe em jogo relações de poder do homem sobre o homem no contexto das relações de força entre o homem e a natureza. De facto, através do trabalho a existência humana assume o aspeto de um empreendimento racionalmente organizado de luta contra a natureza que faz surgir a natureza como um recetáculo de forças a superar; é pelo trabalho que o difícil se torna um aspeto fundamental da realidade; a instalação do homem entre as coisas é um fenómeno de dominação, que torna o homem uma força que se submete a forças. Pois bem, a força de trabalho do homem figura, ela própria, entre as forças a submeter. A organização racional da luta contra a natureza implica igualmente uma organização dos esforços humanos, segundo um projeto, plano, programa. O homem entra assim em consideração nas resistências a vencer pelo homem. O seu trabalho é uma força produtiva a organizar. Através do seu trabalho, ele entra deste modo nas relações de subordinação. Mas esta relação de subordinação, como simples exigência tecnológica, é apenas um aspeto da organização racional da luta contra a natureza; é uma subordinação de operações, de eficiências e ainda não de pessoas; ou melhor, esta subordinação de operações não se torna uma relação de comando e de obediência, no próprio trabalho, a não ser através do sistema económico e social e do conjunto institucional que define o regime do trabalho e já não apenas a sua tecnologia. No seu princípio, a hierarquização humana exigida pelo trabalho enquanto tal resulta da própria tarefa dirigida contra as forças naturais. É esta tarefa que desenvolve uma hierarquia de execução, sobretudo por meio das diversas articulações entre a palavra que projeta, planifica, prescreve imperativamente a execução, e as diversas modalidades do gesto humano.

As relações de comando de carácter puramente tecnológico remetem, por conseguinte, para relações de dominação resultantes do regime económico-social. É bastante claro que são as relações dos homens ocasionadas pelo ter que introduzem as relações de poder [*puissance*] entre os homens no próprio trabalho. Aquele que possui juridicamente os meios de produção – indivíduo, grupo, Estado – ou mesmo simplesmente aquele – indivíduo ou grupo – que dispõe deles como gestor de facto ou por direito, exerce o poder [*puissance*] em relação àquele que trabalha. A conceção capitalista do empreendedor que comanda a força de trabalho porque possui a empresa não é senão a expressão mais espetacular dessa sobreposição da dominação económica e do comando tecnológico. Com outras formas jurídicas da propriedade da empresa, esta relação entre a dominação económica do trabalho e o comando tecnológico do trabalho muda mas não desaparece: seja quem for o titular da propriedade, existe sempre um homem ou um grupo de homens que *dispõe* da força de trabalho e para quem a força de trabalho é um meio de produção. No caso mais favorável, aquele em que o mesmo grupo disporia economicamente da força de trabalho e executaria o trabalho comandado por si mesmo, a coincidência das duas funções de dominação social do trabalho e de comando tecnológico no mesmo grupo de cooperadores-proprietários poria fim, talvez, ao carácter alienado do trabalho, mas não eliminaria a diferença entre as duas relações de subordinação, tecnológica, por um lado, e social, por outro.

Porém, no caso das relações de dominação resultantes do regime de apropriação – privada, coletiva ou estatal – dos meios de produção, elas mantêm-se unicamente porque são reconhecidas, garantidas por instituições, as quais são sancionadas por uma autoridade que, em última instância, é política. Isso é tão verdade que as relações de dominação de ordem económico-social só podem ser alteradas transformando a estrutura propriamente política do poder que coloca a chancela da instituição sobre todas as formas tecnológicas, económicas e sociais do poder do homem sobre o homem.

O político diz respeito a uma teoria das paixões pelo fenómeno do poder que lhe é essencial. E é igualmente importante subtrair o poder e o ter a uma interpretação puramente «passional». Em si, a autoridade não é má. O comando é uma «diferenciação» necessária entre os homens, implicada na essência do político. Como afirma Éric Weil: «O Estado é a organização de uma comunidade histórica. Organizada como Estado, a comunidade é capaz de tomar decisões»([105]). Uma tal definição do político, puramente formal, põe em jogo não apenas um conjunto orgânico de instituições, como também um poder do homem sobre o homem. Independentemente da origem do Estado e da sua racionalidade própria – «natureza» indivisível e autárcica da cidade, segundo Aristóteles, pacto de cada pessoa com outra ou de cada pessoa com todos, segundo Hobbes ou Rousseau, espírito objetivo na história, segundo Hegel –, o seu poder de organização e de decisão passa pelo poder de um homem, de alguns homens ou, no limite, de todos os homens. A soberania passa pelo soberano, o Estado pelo governo, o político pela política, o Estado pelo poder. Considerado como poder, o Estado é a instância que detém o monopólio da coerção física legítima. Neste âmbito, é poder de alguns sobre todos, poder físico de coagir. No estado de direito, este poder físico de coagir coincide, ou coincidiria, com um poder moral de exigir. Mas, mesmo nesse caso, seria ainda poder do homem, poder instituído certamente, mas poder exercido.

Esta objetivação do poder do homem sobre o homem numa instituição representa o novo «objeto» que pode servir de guia num mundo imenso de sentimentos que fazem ecoar afetivamente as diversas modalidades segundo as quais o poder humano é

([105]) Éric Weil, *Philosophie politique* (Paris: Vrin, 1956), p. 131.

exercido, contrariado, disputado ou sofrido. Todos os papéis sociais passíveis de ser exercidos por um homem geram situações que a instituição política consolida como objeto, e que a afetividade interioriza como sentimentos intersubjetivos que compõem interminavelmente a partir do tema do comandar-obedecer. É bastante claro que nenhuma investigação direta das necessidades, tensões, tendências – teremos de lhes chamar «psicogenéticas» para as distinguir das necessidades «organo-genéticas» ([106]) – pode descobrir um fio condutor neste labirinto afetivo. Nunca damos por terminada a composição e ordenação das variedades de sentimentos que giram em torno do exercício do poder segundo todas as suas modalidades de influência, de controlo, de direção, de organização, de imposição. A fragmentação psicológica não tem fim; o princípio de ordem não pode vir senão do «objeto», o qual, aqui, não é outra coisa senão a forma na qual se realiza a relação interpessoal do poder.

Os sentimentos ditos «psicogenéticos» limitam-se a interiorizar a relação do eu com uma nova camada de objetos aos quais podemos chamar culturais num sentido lato. A nossa teoria do sentimento, como correlativa e inversa do processo de objetivação, encontra agora um novo campo de aplicação. A afetividade, isto é, o próprio sentimento enquanto experienciado como modificação passiva do eu, torna-se humano quando devém contemporâneo dos objetos de alta ordem [*haut rang*] nos quais se cristalizam as relações humanas. É no sentido em que Hegel falava de espírito objetivo que falamos do poder, e das instituições em que ele toma forma, como se fala de um objeto. Este objeto político, por sua vez, é vivido segundo o tipo de intencionalidade afetante própria do sentimento, nos sentimentos do poder. O psicólogo descobre unicamente uma constelação informe de sentimentos «psicogenéticos», sem ser capaz de estabelecer, na ausência de um guia objetivo e mediante inspeção direta, a sua originalidade relativamente aos sentimentos «organo-genéticos».

Esses sentimentos fundamentais, por outro lado, são, para o psicólogo, indiscerníveis das paixões do poder que Kant examina na sua *Antropologia de um Ponto de Vista Pragmático*. A distinção de

---

([106]) Henry Alexander Murray, *Explorations in Personality* (Oxford: Oxford University Press, 1938). Tradução francesa: *Exploration de la personnalité*, tradução de A. Ombredane e N. Chevalier (Paris : PUF, 1953).

princípio entre a figura passional e o sentimento no qual se constitui a relação do homem com o poder, não releva da psicologia; é ainda uma reflexão sobre o objeto, sobre o poder enquanto realidade instituída, que possibilitará o surgimento desta distinção de princípio entre a «destinação para o bem» do poder e a sua «tendência para o mal», para usar as palavras de Kant no seu *Ensaio sobre o Mal Radical*. É no objeto que posso imaginar a «destinação do poder», no próprio seio das suas manifestações mais ou menos perversas. De facto, é certo que o poder político aparece ligado ao mal – uma primeira vez porque só oferece um remédio às paixões por via da sua violência corretiva, o que foi observado por todas as filosofias pessimistas do indivíduo, de Platão a Rousseau, Kant e Hegel; e uma segunda vez porque ele próprio, enquanto poder violento, é já caído. Não é menos verdade que não compreenderia o poder como mal se não conseguisse imaginar uma destinação inocente do poder, a partir da qual ele caiu. Posso conceber a representação de uma autoridade que se proporia educar o indivíduo para a liberdade, que seria poder sem ser violência; em suma, posso imaginar a diferença entre o poder e a violência. A utopia de um Reino de Deus, de uma Cidade de Deus, de um império dos espíritos, de um reino dos fins, implica uma imaginação deste tipo do poder não-violento. Esta imaginação liberta a essência; e esta essência regula todos os esforços para transformar efetivamente o poder numa educação para a liberdade. É devido a essa tarefa plena de sentido que «confiro praticamente» um sentido à história. Devido a essa imaginação e a essa utopia, descubro o poder como sendo originariamente inerente ao ser-homem. Quando se afasta desse sentido, quando se torna estranho, alienado, em relação a esse sentido do poder não-violento, é de si mesmo que o homem se afasta.

Se remetermos agora esta distinção entre poder e violência, imaginada no objeto, para a afetividade correlativa da objetividade política, é possível imaginar igualmente os sentimentos que estão na raiz das paixões do poder. Estes sentimentos são a origem das paixões que os desregram. Estes sentimentos puros, implicados na relação comandar-obedecer, fundam o homem como animal político.

Por trás da terceira paixão segundo a antropologia kantiana, a paixão de «honra», de glória, está uma exigência mais originária que ela, a exigência de valer na opinião de outrem, a exigência de estima.

Em nenhum outro lugar é mais difícil distinguir a figura perversa da intenção constituinte, a paixão desreguladora [*déréglante*] do sentimento constituinte: vaidade e pretensão parecem esgotar toda a essência falsa desta existência fantasmática do eu na opinião de um outro. Em nenhum outro lugar, todavia, é mais necessário apelar ao regresso das modalidades alienadas à sua essência originária. Porque é nesse ponto que se constitui o si, no limiar do económico e do político, e nos confins desses sentimentos de pertença a um Nós e de devoção a uma Ideia na qual discernimos anteriormente uma espécie de esquematização afetiva do Eros filosófico. Na exigência de estima, há um desejo de existir, não pela afirmação vital de si-mesmo, mas pela graça do reconhecimento de outrem. Entre essa exigência de estima e a posição egoísta e solipsista da vida, situa-se toda a distância entre o simples desejo e aquilo a que a *Fenomenologia do Espírito* chama o desejo do desejo.

Esta exigência de reciprocidade, da qual nenhum querer--viver [*vouloir-vivre*] pode dar conta, é a verdadeira passagem da consciência à consciência de si. Ora, este pedido não é satisfeito por relações interpessoais no momento do ter, que são relações de exclusão mútua, nem por relações no momento do poder, que são relações assimétricas, hierarquizantes, logo não-recíprocas. É por isso que a constituição do *Si* se desenvolve para lá da esfera do económico e do político, na região das relações interpessoais; é aí que persigo o desígnio de ser estimado, aprovado, reconhecido. A minha existência para mim mesmo é tributária dessa constituição na opinião de outrem; recebo o meu «Si» – se assim posso dizer – da opinião de outrem, que o consagra. A constituição dos sujeitos é assim uma constituição mútua através da opinião.

Mas a fragilidade desta existência, na medida em que é reconhecida, reside no facto de «a estima» que a consagra ser apenas «opinião», de a τιμή ser δόξα. Existe nisto a ameaça de uma existência que seja como um reflexo e quase-fantasmática. Essa possibilidade de não ser mais do que uma frase de outrem, essa dependência da opinião frágil, dão azo às paixões da glória que inscrevem a sua vaidade na fragilidade da estima enquanto opinião. Esta natureza opinante da estima mantém a busca pelo reconhecimento na zona mediana da afetividade, acima do querer--viver, e até acima dos sentimentos constituídos em torno do ter e do poder, mas aquém da esfera do Eros, do qual Platão dizia que cria a beleza segundo o corpo e segundo a alma: «Sabes, diz

Diotima, que a ideia de criação ou *poesia* (ποίησις) é algo de muito amplo, pois toda e qualquer passagem do não-Ser ao Ser se efetua por um ato de criar.» ([107]) A constituição mútua dos homens na estima mútua, na medida em que continua a ser opinião, mantém-se aquém desta criação. É por isso que ela está ainda sob a alçada do θυμός, e não do ἔρως; mas Platão também diz que o θυμός combate por vezes com a razão. Não será nesta estima mútua que o ἔρωζ encontra o seu melhor aliado? Não será nela que ele encarna, quando se *esquematiza* numa obra comum habitada por uma Ideia e criadora de um Nós no qual os indivíduos se superam a si mesmos? Em compensação, se o θυμός pode «combater com a razão», não será quando se supera a si mesmo numa busca arrebatada por reconhecimento por meio da estima de outrem?

Mas se é difícil situar esta exigência de estima *entre* o vital e o espiritual e *por entre* os sentimentos «tímicos» [*thymiques*] que fazem a mediação entre a vida e o espírito, é ainda mais difícil refletir sobre a sua constituição *específica* [*propre*]. Até aqui seguimos a regra de nos deixarmos guiar pela constituição da objetividade, cuja contrapartida é o sentimento, mediante a interiorização. Qual é aqui a objetividade que se segue à dos «bens» económicos na exigência do ter, e à das instituições políticas na exigência do poder? Parece evidente que aqui já não há objetividade nenhuma.

Não deixa de ser significativo que esta exigência de estima, por muito dependente que seja da opinião, se designe por «reconhecimento». Não quero simplesmente apoiar o eu [*moi*] no meu [*mien*], não quero simplesmente dominar para existir, quero ser reconhecido. Será por acaso que reconhecimento deriva de conhecimento? Só seres de conhecimento são seres de reconhecimento. Mas em que objetos constituídos se apoia o reconhecimento como sentimento?

Parece-me que podemos dizer duas coisas: a estima envolve uma espécie de objetividade, é verdade que absolutamente formal, que é possível sustentar mediante uma reflexão de estilo kantiano: o *quid* da estima, *aquilo que* estimo em outrem e cuja confirmação para mim mesmo espero da parte de outrem, é aquilo a que se pode chamar a nossa existência-valor, o nosso valor existente. É nesse sentido que Kant diz: «(…) os seres racionais chamam-se *pessoas*, porque a sua natureza os distingue já como fins em si

([107]) Platão, *O Banquete*, *op. cit.*, 205b-c, p. 74.

mesmos» ([108]); ou ainda, «*A natureza racional existe como fim em si. É assim que o homem se representa necessariamente a sua própria existência.*» ([109]) Por conseguinte, a estima envolve claramente uma representação, a representação de um fim que não é apenas «fim a realizar», mas «fim existente por si». A pessoa enquanto representada não é outra coisa. Ora, esta representação tem o estatuto de objetividade enquanto o valor desse fim não é somente *para* nós, mas em *si mesmo.* A oposição entre a representação de um fim em si e a de um meio para nós é, em si mesma, constitutiva de uma dimensão de objetividade; não poder dispor da pessoa de outrem, é descobrir a objetividade como limite da minha arbitrariedade. A objetividade consiste no facto de não se poder usar outrem simplesmente como meio, nem dispor das pessoas como de coisas: «(...) não são, portanto, meros fins subjetivos cuja existência tenha *para nós* um valor como efeito da nossa ação, mas sim fins objetivos, quer dizer, coisas cuja existência é em si mesma um fim, e um fim tal que se não pode pôr nenhum outro no seu lugar, em relação ao qual essas coisas servissem *apenas* como meios; porque de outro modo nada em parte alguma se encontraria que tivesse *valor absoluto*» ([110]). A esta objetividade Kant dá um nome, o de humanidade. O objeto próprio da estima é a ideia do homem na minha pessoa e na pessoa de outrem.

O que espero de outrem é que me devolva a imagem da minha humanidade, que me estime ao declarar a minha humanidade. Este reflexo frágil de mim mesmo na opinião de outrem tem a consistência de um objeto, contém a objetividade de um fim existente, que limita qualquer pretensão que houvesse de simplesmente dispor de mim; é nesta objetividade, e por meio dela, que eu posso ser reconhecido.

Será preciso dizer mais e acrescentar a esta objetividade absolutamente «formal» da *ideia* de humanidade, a objetividade «material» das obras culturais que dizem essa humanidade? Se o económico se objetiva em bens e formas do ter, e o político em instituições e em todas as formas do poder, a humanidade hipereconómica e hiperpolítica diz-se em monumentos que testemunham essa busca do reconhecimento. As «obras» de arte e da

---

([108]) Kant, *Fundamentação da Metafísica dos Costumes, op. cit.*, p. 68.

([109]) *Idem*, p. 69.

([110]) *Ibid.*, pp. 68-69.

literatura, e em geral as obras do espírito, na medida em que não refletem apenas um meio e uma época, mas perscrutam possibilidades do homem, são os verdadeiros «objetos» que manifestam, pela sua universalidade concreta, a universalidade abstrata da ideia de humanidade.

Por conseguinte, do ter ao poder e do poder ao valer, a promoção de objetividade continua; a objetividade do ter adere ainda à das coisas: pelo seu carácter «disponível», os bens económicos estão no mundo como coisas. A objetividade do poder é já a de uma relação humana tornada objetiva pela instituição, mas ligada às coisas pelo poder físico de coação que encarna o poder moral de exigir. A objetividade cultural é a própria relação do homem com o homem representada na ideia de humanidade. Só os testemunhos culturais lhe dão a densidade das coisas, sob a forma de monumentos que existem no mundo. Mas essas coisas são «obras», é essa objetividade formal e material da ideia do homem que gera uma afetividade à sua medida: o ciclo dos sentimentos de estima.

Qual é então o momento do sentimento da estima de si? Se a nossa análise da objetividade que lhe corresponde for exata, a estima de mim mesmo que eu busco por intermédio da estima de outrem não é de uma natureza distinta da estima que sinto por outrem. Se é a humanidade que estimo em outrem e em mim mesmo, eu estimo-me a mim mesmo como um tu para outrem; estimo-me na segunda pessoa. O amor de si não é então, na sua textura essencial, distinto da simpatia. O que quer dizer que os sentimentos reflexivos não são diferentes dos sentimentos intencionais; amo-me como um outro. Esta alteridade, ligada ao sentimento de valorização, estabelece a diferença entre a estima de si e o apego à vida, tal como este último surge nas situações catastróficas que colocam a minha vida em risco. O apego à vida, o egoísmo «vital», é uma relação curta, imediata entre mim e mim-mesmo. A estima de si, o egoísmo «tímico», é uma relação indireta, mediata de mim para comigo [*de moi à moi*], que passa pelo olhar valorizador de outrem. É na medida em que a relação consigo [*relation à soi*] é uma relação com outrem interiorizada que a opinião, a crença, são a sua alma; o valor não é visto nem conhecido, mas crido. Eu creio que valho aos olhos de um outro que aprova a minha existência; no limite, esse outro sou eu mesmo. Esta crença – esta confiança [*créance*], este crédito – constitui, na medida em que sou afetado por ela, o próprio sentimento do meu valor. Essa afeção apreciativa, essa apreciação afetante, é o ponto mais alto ao qual se pode elevar consciência de si no θυμός.

Esta constituição do sentimento a partir do objeto pode, por sua vez, servir de guia no labirinto da psicologia dos sentimentos que gravitam em torno do valor do eu e que transparecem unicamente através das modalidades passionais mais ou menos aberrantes. Mas uma estima vivida numa crença é aquilo que, mais do que qualquer outra coisa, pode errar: por ser do domínio da crença [*crue*], o valor do eu pode ser fingido, alegado, presumido; pode ainda ser ignorado, contestado e atacado; e igualmente desprezado, rebaixado, menosprezado, humilhado; e quando, com ou sem razão, não é reconhecido [*méconnue*], a falta de estima pode ser compensada por uma sobrestimação de si-mesmo, ou por uma depreciação de outrem e dos seus valores. A agressividade, represálias, ressentimento, vingança, são assim respostas à falta de reconhecimento, o qual, em si mesmo, não posso compreender a não ser através do prisma da busca de reconhecimento. Uma filiação de significações afetivas pode deste modo ser tentada a partir do núcleo das crenças que sustentam o sentimento do valor pessoal. É a essa génese do sentido afetivo que recorremos implicitamente quando tentamos compreender outrem ou compreender-nos a nós-mesmos: porque não é outrem ou nós-mesmos que compreendemos, mas o conteúdo da crença, o noema do sentimento de valor no qual o eu e o outro se constituem.

A possibilidade de uma patologia da estima está deste modo inscrita na própria natureza da estima enquanto opinião. Nada é mais frágil, nada é mais fácil de ferir do que uma existência que está à mercê de uma crença. E compreende-se que o «sentimento de inferioridade» tenha podido servir de fio condutor na génese das neuroses. Independentemente da importância que esse sentimento possa ter na etiologia das neuroses, há que dizer com clareza que não *compreendemos* as formas patológicas da estima de si senão a partir das suas formas não-patológicas e propriamente constituintes.

O mesmo deve ser dito das perversões propriamente morais desse sentimento. O seu carácter de crença possibilita as suas corrupções: o que é crido é presumido; e a presunção do presumido pode tornar-se a presunção do presunçoso. Mas o objeto da estima precede o Nada da glória. Da estima de si à vanglória há toda a distância que separa a possibilidade do mal e o acontecimento do mal: é preciso um homem *cego* para que a vaidade perverta a crença e que a busca de reconhecimento se transforme em paixão da honra. Esta cegueira vem de outro lado; não é constituinte mas aberrante. Não é, portanto, o amor patológico de si – no sentido kantiano da patologia – que justifica o sentimento, mas o sentimento originário que possibilita a patologia em todos os sentidos dessa palavra.

4. A fragilidade afetiva

A fragilidade é o nome que assume na ordem afetiva a «desproporção», cuja exegese seguimos através do conhecer, do agir e do sentir. A fragilidade é a dualidade humana do sentimento. Procurámos um primeiro signo dessa fragilidade na diferenciação entre o prazer e a felicidade que constituem o *término* do desejo vital e do desejo intelectual. Temos, nesta primeira aproximação da ideia de fragilidade afetiva, uma indicação sobre a maneira de continuarmos esta reflexão. Se a ἐπιθυμία e o ἔρως se desdobram à maneira de dois estilos de completude [*achèvement*], é no modo de terminação e de completude das exigências «tímicas» – ter, poder, valer – que se deve agora investigar esta disparidade entre prazer e felicidade. Será que estas exigências têm um estilo próprio de completude? E como exprimirá esse estilo a dualidade entre prazer e felicidade?

É, pois, o modo de consumação do θυμός que torna evidente a sua posição instável entre o vital e o espiritual. Com efeito, qual será o término das exigências de posse, de dominação, de opinião?

É digno de nota que o Si nunca se encontre assegurado; a tripla exigência na qual se procura a si mesmo nunca está completa [*achevée*]. Enquanto o prazer é uma espécie de repouso provisório, como Aristóteles estabelecera com autoridade, e enquanto a felicidade seria, por excelência, um repouso que dura, o θυμός é inquieto. Posto que o «coração» é o θυμός, o coração é essencialmente aquilo que em mim é inquieto. Quando terei eu o suficiente? Quando estará a minha autoridade estabelecida o suficiente? Quando serei eu suficientemente apreciado, reconhecido? Onde está, em tudo isto, a «suficiência»? Entre a finitude do prazer, que compreende um ato bem delimitado e o sela com o seu repouso, e o infinito da felicidade, o θυμός introduz um indefinido, e, com ele, a ameaça que se liga a uma busca sem fim.

Toda a ação humana exibe a marca deste indefinido. O θυμός perturba a estrutura dos atos de nível vital caracterizados por um ciclo de carência [*manquement*] ou evitamento, de dor, de encetar algo, de realização, de prazer ou de dor. Os únicos critérios de «saciedade» que permitiriam conferir um sentido rigoroso à ideia de regulação afetiva já não podem ser administrados; a «saciedade» seria alcançada se todas as tensões pudessem ser saturadas completamente. A ação, na medida em que se desenrola sob o signo das três exigências fundamentais do ser-si-mesmo [*être-soi*], é por princípio um movimento perpétuo; a descrição tomista e cartesiana do ciclo amor-desejo-prazer torna-se inutilizável; já não basta prolongar este ciclo, ou conceder-lhe prorrogações, é preciso abri-lo; já nenhuma ação é terminal; todas as ações se tornam estranhamente intermediárias.

Vê-se de novo quão insuficiente é complicar o esquema cíclico por meio do «árduo», do «difícil», ou do «obstáculo»; porque o obstáculo é igualmente uma peripécia das ações com terminação finita; o obstáculo liga-se a uma das modalidades da relação meio-fim, a modalidade do «acesso»; o acesso, ao contrário do instrumento, que é também uma modalidade da relação meio-fim, apresenta a dupla valência do desejável e do temível; mas esta ambiguidade não basta para criar uma situação humana radicalmente diferente do meio animal; a noção de objetivo finito continua a caracterizar a relação do obstáculo com o termo visado, ao qual ele barra o acesso. De um modo ainda mais geral, as mediações «técnicas» prolongam os itinerários do desejo ao intercalarem interlúdios preparatórios, mas as mediações técnicas remetem, finalmente, para fins determinados.

A novidade dos desejos de ter, de poder e de valer consiste no facto de possuírem um termo indeterminado; o desejo do desejo não tem fim. Uma situação propriamente humana nasce a partir do momento em que um desejo qualquer é atravessado por esse desejo do desejo. Logo, o êxito, o sucesso, permanecem parciais, relativos a «tarefas» que se destacam sobre um fundo de desejabilidade não saturada. Há movimento para nos levar mais longe. Ocorre mesmo essa coisa estranha, quanto mais os nossos meios se tornam precisos, mais os nossos fins se tornam evasivos ao munirem-se de visares intersubjetivos [*visées interhumaines*]. Este contraste entre a tecnicidade dos meios e a indeterminação dos fins contribui para esse sentimento de insegurança que invade as ações sem fim definido. Esta desejabilidade residual transforma até o carácter do prazer e da dor, os quais, deixando de ser términos [*termes*], passam a ser inícios de uma atividade que reage ao fracasso e ao sucesso. A ação humana ganha assim novo impulso e alimenta-se de si mesma, atirada para a frente pelas suas exigências insaciáveis.

Ela assume então o seu carácter de *Streben* [aspiração]. Para o «conatus» (*) humano, prazer e dor não são mais do que paragens. Os sentimentos do obstáculo, a esperança e o temor, a timidez e a audácia, são então recrutados para o serviço do sentimento específico da ação indefinida: a coragem, que é reação secundária ao sucesso e ao fracasso. Pois bem, a coragem é outro nome para o θυμός ou o coração.

A fragilidade do sentimento, que nos aparecera primeiro na distensão do prazer e da felicidade, resumiu-se, portanto, no termo intermediário, na indefinição do θυμός. É preciso ir mais longe: o θυμός não está apenas «situado entre» o vital e o espiritual; em relação a eles, ele é o «misto».

A fragilidade afetiva vai, pois, expressar-se nas trocas entre, por um lado, as exigências indefinidas do si e as tensões cíclicas, finitas, de nível vital, e, por outro, entre essas mesmas exigências tímicas e o desejo da felicidade. É nestas complexas endosmoses que se exerce a «mediação» do θυμός.

Consideremos, antes de mais, as ligações entre o vital e o humano: tudo aquilo que em nós pode ser chamado, num sentido impróprio, «instinto», em virtude da filiação do animal no homem, é refeito, transmutado e elevado a um nível de humanidade pela tripla exigência que nos faz homens. O caso da sexualidade é, a este respeito, o mais impressionante. A sexualidade torna-se sexualidade humana na medida em que é atravessada, retomada, transida pela exigência propriamente humana. É por esse motivo que se distingue nela sempre alguma nota de posse, alguma nuance de dominação, e também uma busca de reconhecimento

---

(*) O *conatus* é um conceito espinosista que aparece de forma recorrente na obra de Ricœur, normalmente definido como o esforço por existir, por perseverar no seu ser ou, como aparece na nota 51 supra, como afirmação de si. Ricœur liga-o à afirmação originária que, para ele, é um traço ontológico constitutivo do humano, como se verá mais claramente na conclusão deste livro. [*N. dos T.*]

mútuo. É mesmo esta última implicação da sexualidade humana que introduz a reciprocidade numa relação que, pelas suas raízes biológicas, é fundamentalmente assimétrica, e que o desejo de posse e de dominação começam a humanizar, embora às custas da igualdade. Toda a riqueza da sexualidade reside nisso, neste jogo complexo entre o vital e o humano, ele próprio tão díspar. Resulta daí que a satisfação sexual já não pode representar apenas prazer físico. Através do prazer, além do prazer, e, por vezes, mediante o sacrifício do prazer, o ser humano procura a satisfação de exigências que sobredeterminam [*surchargent*] o «instinto». Algo de indefinido entra assim nele enquanto se humaniza. De cíclico, o instinto torna-se aberto e sem fim. Todo o mito de Don Juan tem aí origem.

Por sua vez, essa retoma e essa mutação do vital no humano tem por contrapartida um recarregamento [*recharge*] do θυμός na ἐπιθυμία. Era isso que Platão sugeria quando dizia que o θυμός combate com o desejo. Julgo que seria possível reinterpretar, a partir desta ideia tomada a Platão, a noção freudiana da libido. A libido é simultaneamente ἐπιθυμία e θυμός, desejo e coração. Quando Freud afirma que a libido é sexual sem ser especificamente genital, ele situa muito oportunamente toda a sua investigação antropológica nessa região indecisa onde a cópula é também emparelhamento, onde o desejo do outro sexo é desejo do semelhante. Aquilo a que Freud chama «princípio do prazer» representa já essa mistura entre o vital e o humano, embora com uma dominante vital. A diferença dos papéis sexuais é essencial à libido, mas através desses papéis é um desejo ilimitado de afeção que persegue o seu próprio sonho. A fragilidade desses sentimentos encontra-se nesta dupla relação: o desejo genital sublima-se em ternura para lá do sexo, ao passo que o desejo de reconhecimento, quando se encarna na ternura, assume uma tonalidade sexual. É por isso que a sexualidade tem um lugar extraordinário na antropologia. Ela é o lugar da ternura, ao mesmo tempo profundamente instintiva e profundamente humana; ela concretiza ao extremo o desejo do desejo do outro, inextricavelmente ἐπιθυμία e θυμός.

Mas, ao mesmo tempo que o θυμός sofre a atração do vital, sofre igualmente a do espiritual. Esboça-se assim um novo «misto», no qual não é ilegítimo reconhecer a trama afetiva das grandes paixões.

Não é por acaso que se fizeram juízos tão diversos e tão inconciliáveis sobre as paixões. Existem muitos modos de passividade. Todo o sentimento, na medida em que o eu é *afetado* por ele, é um padecer. Foi em relação a essa passividade da afeção que os antigos tratados das paixões abarcaram, com o seu título, todo o campo que aqui designamos por sentimento. Não é nesse sentido que tomamos a paixão; reservamos o nome de paixão para uma classe de sentimentos dos quais não é possível dar conta através de uma simples derivação dos sentimentos vitais, de uma cristalização da emoção, ou, em geral, no horizonte do prazer. Pensamos sobretudo nessas grandes peripécias que constituem a dramaturgia da existência humana, o ciúme de Otelo, a ambição de Rastignac. É bastante claro que não foi a complicações dessas «paixões» fundamentais que a tradição chamou amor, ódio, desejo, esperança, temor, audácia, timidez; são habitadas por uma intenção transcendental, que não resulta senão da atração infinita pela felicidade. Só um objeto suscetível de representar o todo da felicidade consegue drenar tanta energia, elevar o homem acima das suas capacidades normais e torná-lo capaz de sacrificar o seu prazer e de viver dolorosamente. Mas também não explicamos as grandes paixões, quero dizer, a grandeza da paixão, quando recorremos demasiado apressadamente a um princípio de «desrazão», de «ilusão», a uma vaidade que seria a expressão imediata de um princípio do mal. Um princípio de prazer e um princípio de ilusão somados não fazem a paixão: «Nada de grande, diz Hegel, se realizou nem se pode realizar sem paixão, é apenas uma moralidade morta, mais ainda, muitíssimas vezes hipócrita, a que investe contra a forma da paixão enquanto tal.» ([111]) A desmedida supõe a grandeza. A escravatura das paixões é a modalidade caída da vida apaixonada. O «padecer» de fascinação, de cativeiro e de dor seria incompreensível se a alienação passional não fosse contemporânea de uma grandeza originária, de um impulso, de um movimento de transcendência, a partir do qual podem existir «ídolos» da felicidade. A paixão-afeção e a paixão-desrazão não dão conta, nem uma nem outra, desse movimento de transcendência das «grandes» paixões. É, pois, ao desejo da felicidade que temos de ligar

---

([111]) Hegel, *Enciclopédia das Ciências Filosóficas em Epítome. Volume III: Filosofia do Espírito*, tradução de Artur Morão, notas ao §474 (Lisboa: Edições 70, 1992), pp. 96-97.

a paixão, e não ao desejo de viver. Na paixão, de facto, o homem coloca toda a sua energia, todo o seu coração, porque um tema de desejo se tornou tudo [*tout*] para ele. Este «todo» [*tout*] é a marca do desejo de felicidade: a vida não quer o todo. A palavra «todo» não tem sentido para a vida, mas para o espírito: é o espírito que quer o «todo», que pensa o «todo» e que não ficaria em repouso senão no «todo».

Mas a paixão também não é uma vaga expectativa da felicidade, uma exigência no sentido kantiano. Vejo na paixão o «misto» entre o desejo ilimitado, ao qual chamámos θυμός, e o desejo da felicidade. Se o apaixonado quer «tudo», ele põe o seu «tudo» num desses objetos que vimos constituir-se em correlação com o eu da possessão, do domínio e da valorização. É por essa razão que falaria sem dificuldade da esquematização da felicidade no impulso e nos objetos do θυμός. Um desses objetos figura repentinamente, numa espécie de imediatez afetiva, o tudo do desejável. Dir-se-ia que o infinito da felicidade desce ao indefinido da inquietude; o desejo do desejo, alma do θυμός, oferece os seus objetos de referência como imagem, como figuração ostensiva, ao visar sem objeto da felicidade. É essa a fonte, é essa a ocasião de todo o desprezo, de toda a ilusão. Mas esse desprezo, essa ilusão pressupõem qualquer coisa de mais originário ao qual chamo a figuração afetiva da felicidade no θυμός.

É dessa figuração afetiva da felicidade no θυμός que a paixão tira toda a sua força organizadora, toda a sua ação dinamizadora; porque, por um lado, a paixão recebe do Eros toda a sua capacidade de devoção, de *abandono*; por outro, a paixão recebe do θυμός toda a sua *inquietude*. Este abandono e esta inquietude indefinida são anteriores ao mau infinito da loucura passional e unidos a um grau de profundidade que esta loucura pressupõe. O momento de abandono é-nos conhecido: procede da participação numa Ideia, num Nós, no qual reconhecemos a essência do desejo espiritual. Uma vida passional é uma vida devotada, consagrada ao seu tema. Esta «passividade» é mais originária que o cativeiro e que o sofrimento passional; é nesse primeiro «padecer» que se enxertam todas as outras modalidades passivas da paixão. Por outro lado, este abandono, em que se reconhece o génio do Eros, conjuga-se com a inquietude própria da temática do *thumos*: o apaixonado aplica toda a sua capacidade de felicidade nos «objetos» nos quais se constitui um Si. Esta transferência da totalidade para os «objetos» do ciclo do ter, do poder, e do valer constitui aquilo que designamos como a esquematização da felicidade nos temas do *thumos*.

Esta esquematização, que prolonga de certa forma a da imaginação transcendental no sentimento, é o originário que pressupõe todo o delírio passional. Só um ser que quer o todo e que o esquematiza nos objetos do desejo humano pode equivocar-se, isto é, tomar o seu tema pelo *Absoluto*, *esquecer* o carácter simbólico do vínculo entre a felicidade e um tema de desejo. Este esquecimento faz do símbolo um ídolo; a vida apaixonada tornou-se existência passional. Este esquecimento, este nascimento do ídolo, da servidão e do sofrimento passional são do âmbito de uma hermenêutica das paixões que levaremos a cabo noutro lugar. Mas era necessário mostrar o ponto de impacto das paixões numa afeção originária que é o lugar próprio da falibilidade. A devoção inquieta do apaixonado é como a inocência primordial do passional e, ao mesmo tempo, a fragilidade essencial de onde ela procedeu. Em nenhum outro lado como na relação entre o apaixonado e o passional se pode compreender melhor que as estruturas de falibilidade são o solo prévio da falta [*faute*].

*

* *

A função universal do sentimento é a de ligar; ele liga aquilo que o conhecimento separa; liga-me às coisas, aos seres, ao ser; ao passo que todo o movimento de objetivação tende a opor-me um mundo, ele une a intencionalidade que me lança para fora de mim à afeção através da qual me sinto existir; por isso está sempre para cá ou para lá da dualidade entre o sujeito e o objeto.

Mas quando interioriza todas as ligações do eu com o mundo, ele suscita uma nova cisão entre si e si-mesmo. Torna patente a dualidade entre a razão e a sensibilidade, e que encontra no objeto um ponto de repouso. Distende o eu entre dois visares afetivos fundamentais, o da vida orgânica, que culmina na perfeição instantânea do prazer, e o da vida espiritual, que aspira à totalidade, à perfeição da felicidade.

Esta desproporção do sentimento suscita uma mediação nova, a do θυμός, do coração; esta mediação corresponde, na ordem do sentimento, à mediação silenciosa da imaginação transcendental na ordem do conhecimento. Mas ao passo que a imaginação transcendental se reduz inteiramente à síntese intencional, ao projeto do objeto diante de nós, esta outra mediação reflete-se, em si-mesma, numa exigência afetiva indefinida na qual se atesta a fragilidade do ser humano. Percebe-se, então, que o *conflito* diz respeito à constituição mais originária do homem; o objeto é síntese, o eu é conflito; a dualidade humana é superada intencionalmente na síntese do objeto e interioriza-se afetivamente no conflito da subjetividade. Mesmo sendo verdade que os conflitos reais que balizam a história afetiva são, no sentido próprio do termo, acidentes, factos do encontro entre o nosso esforço, a nossa capacidade de afirmação e as forças da natureza, do meio familiar, social, cultural, não é menos verdade que todos esses conflitos externos não se poderiam interiorizar se um conflito latente em nós mesmos [*de nous-même à nous-même*] não os precedesse, não os recolhesse e não lhes conferisse a nota de interioridade que lhes é própria desde a origem. Nenhum conflito entre nós mesmos e uma qualquer instância suscetível de nos conferir uma personalidade fictícia poderia ser introjetado se não fossemos já essa desproporção entre o βίος e o λόγος da qual o nosso «coração» sofre a discórdia originária.

CONCLUSÃO

O conceito de falibilidade

O que queremos dizer quando chamamos falível ao homem? Essencialmente, queremos dizer o seguinte: que a *possibilidade* do mal moral está inscrita na constituição do homem. Esta resposta solicita dois tipos de esclarecimento: com efeito, é possível perguntar em que traços dessa constituição originária reside mais especificamente a possibilidade de falhar; e é possível, por outro lado, questionar a natureza dessa mesma possibilidade. Consideremos sucessivamente estes dois aspetos do problema.

1. Limitação e falibilidade

Uma longa tradição filosófica, que atingiu a sua mais perfeita expressão com Leibniz, assume que a limitação das criaturas constitui a oportunidade do mal moral. Enquanto oportunidade do mal moral esta limitação granjeou mesmo o nome de mal metafísico. Toda a nossa análise anterior tende a corrigir esta proposição antiga num sentido preciso: a ideia de limitação, tomada enquanto tal, é insuficiente para nos trazer até ao limiar do mal moral. Nem toda a limitação é possibilidade de falhar, mas é-o essa limitação específica que consiste, para a realidade humana, em não se coincidir consigo mesmo. Também não serve de nada definir a limitação como uma participação no nada ou no não-ser: lembramo-nos de que Descartes, *antes* de elucidar a relação entre a vontade e o entendimento, elaborou uma breve ontologia da realidade humana que consistia em combinar a ideia de ser, ou de perfeito, com «uma certa ideia negativa do nada, ou seja, daquilo que é sumamente afastado de toda a perfeição» ([112]); podia assim dizer: «Sou como um meio entre Deus e o nada.» ([113]) Mas nem toda a combinação de ser e de nada representa uma oportunidade para falhar, porque toda a realidade que não é o ser enquanto ser é, num sentido muito geral, «meio entre Deus e o nada». Compreende-se que Descartes tenha podido contentar-se com este breve esboço. Não se propunha fazer uma ontologia da realidade humana mas apenas afastar a hipótese de que o homem fosse dotado de uma capacidade positiva de errar que alegasse contra a perfeição divina. Ao mostrar que o homem é composto de ser e de nada, deixava espaço apenas para a ideia de um defeito de ser [*défaut d'être*] e remetia para o mau uso da vontade o aspeto de privação que se associa a esse simples defeito. Logo, bastava uma breve ontologia da criatura em geral para inocentar Deus, e uma filosofia das faculdades para acusar o homem. O desígnio de Descartes é aqui puramente apologético; não é, a nenhum título, o de determinar o modo ou o grau de ser próprio do homem. Mas, se levarmos a cabo a elaboração de uma tal ontologia, a ideia de limitação, tomada enquanto tal, já não pode dar conta da de falibilidade. Aquilo de que necessitamos é de um conceito da limitação humana que não represente um caso particular da limitação do algo em geral [*quelque chose en général*]. Como Kant mostrou a propósito das categorias da qualidade, não existe nada na ideia de limitação além da síntese da afirmação e da negação de alguma coisa [*quelque chose*]. Ora, nós temos necessidade de um conceito de limitação que corresponda, desde logo, a uma limitação humana.

A ideia de «desproporção» pareceu-nos satisfazer essa exigência de uma ontologia direta da realidade humana que desenvolve as suas categorias tendo como pano de fundo uma ontologia formal do algo em geral. O conceito de limitação em geral pertence a uma tal ontologia formal. Mas não é por meio da *especificação* que se passa da limitação de alguma coisa à limitação do homem. Temos de acrescentar as categorias próprias da realidade humana.

([112]) Descartes, *Meditações sobre a Filosofia Primeira, ibid.*, p. 167.
([113]) *Ibid.*, p. 127 [tradução modificada].

Essas categorias próprias da limitação humana têm de ser extraídas diretamente da relação desproporcionada entre a finitude e a infinidade. É essa relação que constitui o «lugar» ontológico «entre» o ser e o nada, ou, se preferirmos, o «grau de ser», «a quantidade de ser» do homem. *É esta relação que torna a limitação humana sinónimo da falibilidade.*

Tentemos extrair essas categorias específicas da limitação humana procedendo a uma espécie de «dedução transcendental», ou seja, de justificação dos conceitos pelo seu poder de tornar possível um determinado domínio de objetividade. Se se pudesse mostrar que essas categorias são a condição de possibilidade de um determinado discurso sobre o homem, ser-lhes-ia assim conferida toda a legitimação que pode ser exigida.

É assim que culminaremos a nossa empresa de reflexão total sobre o patético da miséria, elucidando essas condições de possibilidade de um discurso sobre o homem. De resto, o mito da mistura e a retórica da miséria envolvem uma compreensão implícita, no modo da «opinião verdadeira» [*opinion droite*], dessas mesmas categorias. Essas noções de «mistura» e de «intermediário», características da grande retórica da condição humana, são já categorias existenciais, mas pressentidas no modo patético. Que a reflexão possa retomá-las enquanto categorias, isso já nos é assegurado pelo próprio Platão quando passa do mito da «mistura» à ideia do μεταξύ e do «misto». A continuidade etimológica entre o tema retórico da «mistura» e a noção dialética do «misto» assegura-nos de que a graça da linguagem nos acompanha nesta empresa.

Nesta dedução das categorias da falibilidade, tomamos como guia a tríade kantiana das categorias da qualidade: realidade, negação, limitação. Por que razão privilegiar esta tríade à custa das da quantidade, da relação e da modalidade? Porque em nenhum outro lugar a dedução transcendental extravasa tão manifestamente uma reflexão estritamente epistemológica, incidindo na constituição *a priori* do objeto físico, para se aproximar de uma fenomenologia transcendental, ancorada na manifestação ou aparição do objeto em geral. Aquilo que Kant afirma sobre os esquemas da qualidade sugere, por si próprio, o uso livre que nos propomos fazer das categorias correspondentes: «A realidade é, no conceito puro do entendimento, aquilo que corresponde a uma sensação em geral, ou seja, aquilo cujo conceito indica em si próprio uma existência [*ein Sein*] (no tempo); a negação é aquilo cujo conceito representa uma não existência [*ein Nichtsein*] (no tempo). A oposição entre ambos dá-se, pois, na diferença do mesmo tempo, como tempo preenchido ou vazio.» ([114]) Assim nasce o esquema do grau ou do *quantum* de realidade, que não é outra coisa senão a «quantidade de algo, na medida em que esse algo preenche o tempo» ([115]). Sem nos preocuparmos com a ortodoxia kantiana, não procuraremos transcrever esta tríade numa ciência do grau de sensação ([116]); iremos antes transpô-la para o plano de uma antropologia filosófica, de modo a sistematizar o discurso desenvolvido ao longo deste livro.

Passando de uma axiomática da física para uma antropologia filosófica, a tríade composta por realidade, negação e limitação pode exprimir-se nos três seguintes termos: *afirmação originária, diferença existencial, mediação humana.* O nosso estudo exprime o progresso desta tríade ao longo do conhecer, do agir e do sentir; o que está em jogo nesta dialética é uma determinação cada vez mais concreta do terceiro termo, o qual representa verdadeiramente a humanidade do homem.

Ao invés de resumir esta dialética concreta tal como a desenvolvemos, vamos esclarecer os seus os conceitos fundadores, a fim de mostrar o modo como eles *tornam possível* uma antropologia digna de ser chamada filosófica ([117]).

Antes de mais, parece que o primeiro conceito orientador de uma tal antropologia não é, e não pode ser, o de finitude. Nesta dialética, a finitude é resultado e não origem. Neste sentido, é preciso dar razão a Kant quando coloca em primeiro lugar a ideia de um ser racional em geral, e depois restringe essa ideia mediante a diferença de uma sensibilidade, para depois fazer aparecer um ser *racional finito.* É por isso que, na nossa própria análise, a primeira linha de separação é aquela que passa pelos três momentos de afirmação originária, a saber, o Verbo, a totalidade prática ou a ideia da felicidade, e o Eros ou a felicidade,

---

([114]) Kant, *Crítica da razão Pura, op. cit.*, A 143, pp. 184-185 [tradução modificada].

([115]) *Ibid.*

([116]) Jules Vuillemin, *Physique et Métaphysique kantiennes* (Paris: PUF, 1995).

([117]) Sobre este assunto, veja-se «Négativité et affirmation originaire», in *Aspects de la Dialectique* (Paris: Desclée de Brouwer, 1956), pp. 101-124. [nota dos tradutores: ver a nota 2 da p. 16].

à qual o coração é sensível. Do primeiro para o segundo desses momentos, e do segundo para o terceiro, a afirmação originária enriquece-se e interioriza-se: primeiro, ela mais não é do que a veemência do Sim, a qual tem por correlato o «é» significado – ou melhor, sobressignificado – pelo Verbo. Este é o momento «transcendental» da afirmação originária. Este momento é necessário, mas não suficiente; ele é necessário para fazer passar a força de existir do registo do «viver» para o do «pensar»; é insuficiente para nos certificar que *nós somos* esse pensar. Em seguida, é a nós próprios que afirmamos, na ideia prática de uma totalidade à qual acedemos através da compreensão sempre começada e nunca acabada de todos os desígnios de todos os homens e em relação à qual se destaca o fechamento do nosso carácter. Esta abertura de princípio, esta acessibilidade ao ἔργον, à «obra» ou ao projeto do homem enquanto tal, funda a pessoa, conferindo-lhe o horizonte de humanidade, o qual não sou eu, nem és tu, mas a tarefa de tratar a pessoa, em mim e em ti, como um fim e não como um meio. A pessoa não é decifrável diretamente sem o guia da ideia de humanidade que dá uma tarefa à pessoa. Neste sentido, a humanidade, compreendida como totalidade a fazer-ser [*totalité à faire-être*], é a condição de possibilidade da pessoa; mas se a ideia de humanidade é capaz de conduzir do transcendental ao prático, ela também não nos diz que essa humanidade do pensar *somos* nós. É o Eros, é o Amor que faz aparecer este visar, imanente à obra do homem, como felicidade antecipada numa consciência de direção e de pertença. Só o sentimento, pelo seu polo de infinidade, me assegura que eu posso «*continuar a minha existência na*» abertura do pensar e do agir. A afirmação originária é aí sentida como Alegria «de existir nisso» mesmo que me permite pensar e agir. A razão já não é, então, um outro: eu sou-a, tu é-la, porque nós somos nela.

Mas a afirmação originária não se *torna* homem senão quando atravessa essa *negação* existencial à qual chamámos perspetiva, carácter, sentimento vital. Que o homem só seja inteligível mediante a participação «numa certa ideia negativa do nada», sabíamo-lo antes de Descartes, desde o mito platónico de Poros e Pénia. Que o homem seja esta mesma negação, aprendemo-lo de Hegel a Sartre. Mas aquilo que se perdeu ao longo desta marcha triunfal da negação foi a sua ligação verdadeira à capacidade de afirmação que nos constitui. O «para si» do *homem* de modo algum se resolve na sua oposição ao «em-si» das coisas. Uma tal oposição entre um «para-si» nadificante e um «em-si» reificado mantém ainda os dois termos numa relação de exterioridade um com o outro e tende menos para uma dialética do que para uma dicotomia entre um «ser» consistente e um «nada» que se separa e se isola. A descrição dos «atos nadificantes» – da ausência à recusa, à dúvida e à angústia – dá perfeitamente conta da promoção do homem como não-coisa. Mas o ser da coisa que o homem nadifica não é todo o ser. E aquilo contra o qual me insurjo é contra o ser exterior, mesmo quando o «em-si» representa [*figure*] o meu próprio passado morto, o meu ser-tornado [*être-devenu*], o «ter-sido» [*ayant-été*] (*gewesen*) da minha existência, petrificado em essência (*Wesen*). Se a filosofia contemporânea enfatizou tão excessivamente este nada de rutura e de isolamento, foi por desconhecimento da afirmação originária, ou, como diz Espinosa, do esforço por existir, idêntico à essência atual, a qual é inteiramente capacidade de *pôr* (*ponere*) e não de *tirar* (*tollere*).(*) É desse ser que se trata no ser do homem. O ser é aqui afirmação, sim, alegria. Esse ser, não o rejeito como passado e morto, sou-o e sou parte dele.

É dessa afirmação que a negação existencial é negação. Nenhuma negação é mais íntima ao ser do que esta. Já não se trata do recuo nadificante fora do ter-sido; mas da manifestação do Verbo numa perspetiva que o nega, da totalidade dos fins num carácter que a nega, do amor num apego ao viver que o nega. Se seguirmos o trajeto desta negação existencial do exterior para o interior, ela aparece primeiramente como diferença entre mim e o outro, depois como diferença entre mim e mim, para se interiorizar na tristeza do finito.

(*) Coloca-se em relação a esta passagem a mesma dificuldade, já abordada acima na nota da página 23, em relação à tradução de *poser* (*ponere*) em português, agora acrescida da tradução de *ôter* (*tollere*). No contexto deste parágrafo, uma das possibilidades teria sido a de traduzir *poser* por «afirmar» e *ôter* por «negar» uma vez que, de facto, é de afirmação e negação que Ricœur fala aqui. No entanto, na medida em que esta afirmação (originária) e esta negação (existencial) têm, na verdade, um alcance ontológico – no contexto de uma discussão em surdina com Sartre que Ricœur leva aqui a cabo, sem no entanto nunca mencionar o seu nome – e que toda a discussão sobre a «posição» aparece igualmente ao longo de grande parte do livro, optámos por manter aqui estas traduções mais literais; assim, e explorando algumas das ambiguidades semânticas de *ponere* e *tollere*, pode-se compreender que, aqui, afirmar também é pôr, e negar também é tirar (ou abolir, suprimir). [*N. dos T.*]

A mais elementar reflexão sobre a perspetiva contém, em síntese, todo este processo de pensamento; porque eu não conheço a perspetiva como perspetiva a não ser transgredida pela intenção de verdade; mas não verifico esta transgressão senão pela oposição das outras perspetivas à minha. O «múltiplo» das consciências não é, por conseguinte, uma simples pluralidade aritmética. A alteridade das consciências é relativa a uma identidade e a uma unidade primordiais que tornam possível a compreensão da linguagem, a comunicação da cultura e a comunhão das pessoas. Outrem não é, por isso, apenas um outro, mas o meu semelhante. Inversamente, esta unidade fundamental do λόγος é relativa à diferença do λέγειν [dizer]. Esta diferença significa que a unidade da humanidade não se realizou em mais nenhum lugar exceto no movimento da comunicação. Assim, nem a diferença é absoluta – como se a multiplicidade das consciências fosse puramente numérica e a sua coexistência simplesmente contingente –, nem a unidade do ser-homem é absoluta, como se apenas a causalidade impura da vontade má gerasse a cisão das consciências. O homem é essa unidade plural e colegial, na qual a unidade de destinação e a diferença dos destinos são compreendidas uma através da outra.

Ao interiorizar-se, a diferença entre mim e o outro torna-se diferença entre mim e mim-mesmo. Já não é uma diferença entre destinos, mas, no seio de um destino singular, entre a sua exigência e a sua própria contingência. A exigência é, em linguagem kantiana, a totalidade que a razão «exige» (*verlangen*); é igualmente, em linguagem aristotélica, a felicidade a que o homem «aspira» (ἐφίεσθαι) na sua ação. É esta exigência que tem por expressão a contingência de um carácter; esta consciência de contingência é mais íntima à afirmação originária do que o era a consciência da minha diferença em relação a outrem; esta residia ainda no sentimento de que a quantidade de realidade que eu sou deixa fora de si possibilidades imensas de humanidade que são os outros a realizar e eu *não*: o sentimento de diferença deixa a alteridade fora de mim; o sentimento de contingência interioriza-o; nele, a exigência inverte-se no seu contrário; aquilo que tenho para-ser [*à-être*] nega-se no sentimento de que não era necessário que eu fosse tal como sou, ou sequer que fosse de todo, que era possível que tivesse sido um outro e até que não tivesse sido. Este sentimento não pode ser enunciado sem ser absurdo, já que a imaginação do meu ser-outro se destaca no fundo da presença irrecusável deste corpo e desta vida que exclui, por isso, todos os outros possíveis. Mas é precisamente o facto bruto de existir deste modo, aqui e agora, quando é avaliado a partir da exigência de totalidade, que se revela como existência que não produzo, que não ponho. A existência revela-se *apenas* existência, *defeito* [*défaut*] *de ser-por-si*. A imaginação, que forma a possibilidade de ter podido não ser, é como o revelador desse defeito de ser-por-si; não escolhi existir, a existência é uma situação dada: eis aquilo que a linguagem enuncia na cifra racional da não-necessidade ou contingência. Estou aqui e isso não era necessário. Um ser contingente que reflete a sua existência nas categorias da modalidade deve pensá-la como não sendo necessária; e essa não-necessidade mostra o negativo envolvido em todos os sentimentos de precariedade, de dependência, de ausência de subsistência, de vertigem existencial que resultam da meditação sobre o nascimento e a morte. Surge assim uma espécie de coalescência entre essa vertigem experienciada e a linguagem da modalidade: eu sou a viva não-necessidade de existir.

É esta não-necessidade de existir que vivencio no modo afetivo da tristeza. «Por tristeza, diz o autor da *Ética*, entenderei uma paixão pela qual a alma passa a uma perfeição menor. ([118])». Além da tristeza que expressa as intermitências do meu esforço por existir, existe um fundo de tristeza ao qual se pode chamar a tristeza do finito. Esta tristeza alimenta-se de todas as experiências primitivas que, para serem ditas, mobilizam a negação: carência [*manque*], perda, temor, arrependimento, deceção, dispersão e irrevogabilidade da duração. A negação está-lhes tão manifestamente incorporada que é possível verdadeiramente considerar essa experiência de finitude como uma das raízes da negação. ([119])

([118]) Espinosa, *Ética*, *op. cit.* Parte III, Proposição XI, Escólio, p. 103.

([119]) Não digo que a negação de finitude seja a única raiz da negação: é preciso, sem dúvida, renunciar a unificar a origem da negação. A alteridade, tal como Platão a elaborou pela primeira vez, está ligada à operação de «distinguir», a qual pertence ao pensamento objetivante: a constituição da coisa percecionada, da individualidade viva, da psique singular supõe a distinção entre alguma coisa e outra coisa; a distinção objetiva é uma raiz tão primitiva da negação quanto os afetos negativos que compõem a tristeza do finito. Voltaremos a este tema no Livro III [nota dos tradutores: este «Livro III» ao qual Ricœur se refere, é o terceiro volume projetado da Filosofia da Vontade, que não chegou a ser publicado].

Há que admitir como um facto primitivo que certos sentimentos têm uma afinidade com a negação no discurso porque são negativos. A linguagem negativa, tal como é constituída na esfera objetiva, principalmente através da operação de discriminação, de distinção, que separa o mesmo do outro, apresenta-se para dizer essas tonalidades vividas. A necessidade [*besoin*] diz-se num «não tenho», o arrependimento num «nunca mais», o desejo impaciente num «ainda não». Mas a negação falada não conviria a esses afetos se ela não exibisse o negativo que se inscreve a um nível mais profundo do que qualquer discurso e o qual resumimos, na esteira de Espinosa, através do belo termo de tristeza. Esta diminuição de existência que afeta o próprio esforço pelo qual a alma se esforça por perseverar no seu ser pode realmente ser chamada uma afeção primitiva. O sofrimento sob todas as suas formas exalta esse momento negativo que está implicado em múltiplos afetos; sofrendo, a consciência separa-se, concentra-se e sente-se negada.

Se a dialética entre a afirmação originária e a diferença existencial é assim, torna-se compreensível que a «limitação» – terceira categoria da qualidade em Kant – seja imediatamente sinónima de fragilidade humana. *Esta* limitação é o próprio homem. Não penso diretamente o homem, mas penso-o por composição, como o «misto» da afirmação originária e da negação existencial. O homem é a Alegria do Sim na tristeza do finito.

Este «misto» apareceu-nos como a manifestação progressiva da *falha* que faz do homem, mediador da realidade fora de si mesmo, uma mediação frágil para si mesmo.

A síntese do objeto é a síntese silenciosa do Dizer e do Aparecer, mas *na* própria coisa, no objeto. Se esta síntese pode ser chamada consciência, ela não é consciência de si. A imaginação transcendental que a torna possível mantém-se uma arte oculta nas profundezas da alma humana(*). A síntese da pessoa dá ao misto um sentido prático e já não teórico, mas este misto continua a

(*) Tal como numa passagem acima, Ricœur fala de «profondeurs de la nature», mas traduzimos *alma humana* em vez de *natureza*, pelos motivos expostos na nota 100. A perceção de que se tratará eventualmente de um lapso sai reforçada pelo facto de, nas quatro vezes que esta referência é citada, duas delas referirem-se precisamente à «alma humana» (incluindo a citação completa da passagem de Kant) e não à «natureza», pelo que julgámos conveniente harmonizar a tradução consoante o original de Kant. [*N. dos T.*]

ser uma tarefa. A mediação procura-se através das variedades de «meio» [*médieté*] (μεσότης) (*), que Aristóteles elabora na sua *Ética a Nicómaco*, e que são menos o justo meio da virtude do que o caminho difícil da conciliação prática que se apresenta entre abismos opostos, representados pelas diversas formas dissociadas do agir. É até também para fora de si que o homem projeta esses «meios» [*médietés*]. Projeta-os em obras – obras de artesão, obras de artista, obras de legislador, obras de educador; esses monumentos, essas instituições prolongam a síntese da coisa; a coisa era *compreendida* na unidade do Dizer e do Ver; a obra é *feita* na unidade do Sentido e da Matéria, do Valor e do Trabalho. O homem, artesão, artista, legislador, educador, é para si próprio encarnado, porque a ideia é, em si mesma, materializada. Em particular, a obra de arte *dura*, porque a Ideia que ela encarna é salva do esquecimento pelos elementos *duros* do cosmos. Mas esta disciplina do finito, cara a Goethe, não opera a síntese entre exigência e contingência senão num novo correlato [*vis-à-vis*] do homem, que é precisamente a obra. Em si mesmo e para si mesmo o homem continua a ser dilaceração [*déchirement*].

É esta fenda [*fêlure*] secreta, esta não-coincidência entre si e si-mesmo, que o sentimento revela; o sentimento é *conflito* e revela o homem como conflito originário; ele manifesta que a mediação ou limitação é apenas intencional, visada numa coisa ou numa obra, e que, para si, o homem sofre distensão. Mas esta discórdia que o homem vive e sofre não acede à verdade do discurso a não ser no final de uma dialética concreta que faz aparecer a síntese frágil do homem como o *devir de uma oposição*: a oposição entre a afirmação originária e a diferença existencial.

(*) O μεσότης, que Ricœur traduz aqui, seguindo a tradução francesa de Tricot, por *médiété*, significa, em geral, a posição intermédia, o ponto médio entre dois extremos. Por vezes, ele é vertido por *meio-termo*, o que tem relação com o «justo meio» [*juste milieu*] da excelência entendida enquanto virtude moral; no entanto, na medida em que Ricœur está aqui apenas a apontar para a propriedade de «ser do meio», optamos por traduzir genericamente, como também o faz por exemplo António C. Caeiro na sua tradução da *Ética a Nicómaco*, este conceito como «meio». [*N. dos T.*]

2. Falibilidade e possibilidade da falta

Se poder falhar consiste na fragilidade da mediação que o homem opera no objeto, na sua ideia da humanidade e no seu próprio coração, então coloca-se a questão de saber em que sentido essa fragilidade é poder de falhar. Que poder será esse?

A fraqueza torna o mal possível em múltiplos sentidos que podemos classificar numa ordem de complexidade crescente, que vai da *ocasião* à *origem* e da origem à *capacidade.*

Num primeiro sentido, dir-se-á que a limitação específica do homem torna o mal apenas possível. Designa-se então por falibilidade a *ocasião,* o ponto de menor resistência pelo qual o mal pode penetrar no homem. A mediação frágil aparece neste caso como simples espaço de aparecimento do mal. O homem centro da realidade, o homem agregador [*rassembleur*] de polos extremos do real, o homem microcosmo é também articulação frágil do real. Mas desta possibilidade à realidade do mal, existe um afastamento [*écart*], um salto: reside nisto todo o enigma da falta [*faute*]. Na linguagem da escolástica que é ainda a de Descartes, do «defeito» à «privação» não existe passagem contínua. Na linguagem do *Ensaio Para Introduzir na Filosofia o Conceito de Grandeza Negativa*(*) de Kant, o mal «é um nada de privação» que implica oposição real, repugnância efetiva, da qual a ideia de fragilidade não poderia dar conta.

Este afastamento entre a possibilidade e a realidade reflete-se num afastamento semelhante entre a simples descrição antropológica da falibilidade e uma ética; a primeira está aquém do mal, a segunda encontra a oposição real entre o bem e o mal. A pressuposição mais fundamental de toda a ética é, de facto, a de que existe já uma clivagem entre o válido e o não-válido e a de que o homem é já capaz do duplo: do verdadeiro e do falso, do bem e do mal, do belo e do feio. A própria objetividade, que na perspetiva transcendental era simplesmente a unidade do sentido e da presença, torna-se, numa perspetiva ética, uma tarefa, que pode ser concretizada ou não. A objetividade, que é por excelência síntese,

---

(*) Kant, *Essai pour introduire en philosophie le concept de grandeur négative* [*Versuch den Begriff der negativen Grossen in die Weltweisheit einzuführen*], tradução, introdução e notas de Roger Kempf, prefácio de Georges Canguilhem (Paris: Vrin, 1949). [*N. dos T.*]

divide-se, enquanto valor de verdade, entre o válido e o não-válido. Acontece o mesmo na ação; viu-se que o homem é, por destino, mediação entre a exigência da felicidade e a contingência do carácter e da morte; todavia, para a ética, esta mediação é uma tarefa, a tarefa de elaborar um «meio» [*médieté*], como diz Aristóteles, entre extremos maus. O próprio gosto, na ordem estética, não supõe menos um mau gosto que se lhe opõe, ainda que seja possível constituir a ideia do gosto, à maneira da *Crítica da Faculdade do Juízo*(*), sem referência a esse contrário, pela simples consideração do livre jogo das representações e do «prazer sem conceito». Deste modo, a ética, tomada no sentido mais lato da palavra, que abrange o domínio integral da normatividade, pressupõe sempre um homem que já falhou [*a déjà manqué*] a síntese do objeto, também a da humanidade em si mesma e até a sua própria síntese de finitude e infinidade. É por isso que a ética se propõe «educá-lo», por intermédio de uma metodologia científica, de uma pedagogia moral, de uma cultura do gosto. «Educá-lo», ou seja, extraí-lo do domínio no qual já se falhou o essencial. Assim, a filosofia concebida como ética, pressupõe não só a polaridade abstrata entre o válido e o não-válido, como também um homem concreto que já falhou o alvo. É este o homem que a filosofia encontra no início do seu itinerário: o homem que Parménides arrasta na sua viagem para lá das portas do Dia e da Noite, aquele que Platão faz sair da sua caverna pelo caminho escarpado do Sol, aquele que Descartes arranca ao preconceito e conduz à verdade pela via da dúvida hiperbólica. O homem, tal como a filosofia o encontra no início do seu itinerário, está extraviado e perdido; esqueceu a origem.

O enigma reside desde logo no próprio «salto» do falível para o já caído [*déchu*]. A nossa reflexão antropológica manteve-se aquém deste salto, mas a ética chega demasiado tarde. Para o surpreender, será preciso partir do zero, dar início a uma reflexão de um tipo novo, respeitante à *confissão* que a consciência faz dele, e sobre os *símbolos* do mal nos quais ela exprime essa confissão. O hiato de método entre a fenomenologia da falibilidade e a simbólica do mal limita-se, portanto, a exprimir o hiato no próprio homem entre falibilidade e falta [*faute*]. A simbólica do mal fará então uso de um grande desvio no final do qual será talvez possível retomar o

(*) Kant, *Crítica da Faculdade do Juízo*, tradução de António Marques e Valério Rohden (Lisboa: INCM, 1992). [*N. dos T.*]

discurso interrompido e reintegrar os ensinamentos dessa simbólica numa antropologia verdadeiramente *filosófica*. Assim, neste primeiro sentido, a falibilidade é *apenas* a possibilidade do mal: ela designa a região e a estrutura da realidade que, pela sua menor resistência, providenciam um «lugar» ao mal.

Mas neste primeiro sentido a possibilidade do mal e a realidade do mal mantêm-se exteriores uma à outra. Ora, de certa maneira, o próprio «salto», a própria «posição» do mal podem ser compreendidos *a partir* da falibilidade. Num segundo sentido da palavra possível, dir-se-á que a desproporção do homem é a possibilidade do mal: no sentido em que toda a defeção do homem se mantém na linha da sua perfeição, em que toda a destituição remete para a constituição do homem, em que toda a degenerescência se funda numa «geração para a existência» – numa γένεσις εἰς οὐσίαν – para usar as palavras do *Filebo* de Platão. O homem é apenas capaz de inventar desordens e males humanos; logo, porque a palavra é a sua destinação, os males da tagarelice, da mentira, da lisonja são possíveis; só posso representar o sofista como um simulacro do filósofo; Platão dizia que era um «fazedor de imagens»; e Baal não é senão o «ídolo» de YHWH; o originário é, pois, o original, o padrão, o paradigma *a partir* do qual posso gerar todos os males através de uma espécie de génese no modo *pseudo* (no sentido em que a patologia fala de perturbações no modo hiper-, hipo- ou para-); o homem só pode ser mau segundo as linhas de força e de fraqueza das suas funções e da sua destinação.

Objetar-se-á por certo, no estilo da crítica bergsoniana do possível, que o mal só é possível porque é real, e que o conceito de falibilidade marca simplesmente o efeito retrospetivo da confissão do mal já presente na descrição da limitação humana. Isso é verdade, é a falta [*faute*] que delineia retrospetivamente a sua própria possibilidade e a projeta como a sua sombra na limitação originária do homem e que assim a faz parecer falível; não se pode contestar que é apenas *através* da condição atualmente má do coração do homem que podemos discernir uma condição mais originária do que toda a maldade. É através do ódio e da luta que somos capazes de perceber a estrutura intersubjetiva do respeito que constitui a diferença das consciências; é através do mal-entendido e da mentira que a estrutura originária da palavra revela a identidade e a alteridade das consciências; ocorre o mesmo com a tripla exigência do ter, do poder e do valer, percebida através da avareza, da tirania e da vanglória. Em suma, é sempre «*através*» do caído que o originário transparece. Mas o que significa «através»? A trans-parência [*trans-parence*] do originário através do caído significa que a avareza, a tirania, a vanglória, que são primeiras na ordem da descoberta, designam por si mesmas o ter, o poder e o valer como sendo primeiras na ordem da existência. E essas «paixões», manifestando as «exigências» em que elas se enraízam, recebem delas, em contrapartida, aquilo que se poderia chamar o seu índice de decadência. Assim, o mal de falta [*mal de faute*] remete intencionalmente para o originário. Mas, em contrapartida, esta referência ao originário constitui o mal como falta, isto é, como des-vio [*é-cart*], como trans-vio [*dé-viation*]. Não posso pensar o mal como mal senão «a partir» daquilo do qual ele cai. O «através» e o «a partir de» são, portanto, recíprocos; e é este «a partir de» que nos permite dizer que a falibilidade é a *condição* do mal, embora o mal seja o revelador da falibilidade.

Será então possível isolar esta representação do originário da descrição do mal através do qual o originário foi percebido? Sim, mas apenas num modo *imaginário*. A imaginação da inocência não é mais do que a representação de uma vida humana que realizaria todas as suas possibilidades fundamentais sem nenhum desvio entre a sua destinação originária e a sua manifestação histórica. A inocência seria a falibilidade sem a falta, e essa falibilidade seria apenas fragilidade, apenas fraqueza, mas não decadência. Pouco importa que eu não possa representar a inocência senão pela via do mito, como um estado realizado «noutro lugar» e «noutro tempo», em locais e em tempos que não têm lugar na geografia e na história do homem razoável [*raisonnable*]. O essencial do mito da inocência consiste em dar um símbolo do originário que transpareça na decadência e a denuncie como decadência. A minha inocência é a minha constituição originária, projetada numa história fantástica. Esta imaginação nada tem de escandaloso para a filosofia; a imaginação é um modo indispensável de investigação do possível; poderíamos dizer, no estilo da eidética husserliana, que a inocência é a variação imaginativa que realça a essência da constituição originária, fazendo-a aparecer *noutra* modalidade existencial. A falibilidade mostra-se então como possibilidade pura, sem a condição caída através da qual aparece habitualmente. Desde logo, dizer que o homem é tão malvado que já não sabemos o que seria a sua bondade é não dizer propriamente nada; porque se não compreendo o «bom», também não compreendo o «malvado»; preciso de compreender em conjunto e como que em sobreposição a destinação originária da «bondade» e a sua manifestação histórica na maldade. Por muito originária que seja a maldade, a bondade é mais originária ainda. É por essa razão, como se verá, que um mito de queda só é possível no contexto de um mito de criação e de inocência. Se tivéssemos compreendido isto, não nos teríamos perguntado se a «imagem de Deus» pode estar perdida, como se, ao tornar-se malvado, o homem deixasse de ser homem; e também não teríamos acusado Rousseau de inconsistência quando professava, com obstinação, a bondade natural do homem *e* a sua perversidade histórica e cultural.

Mas o conceito de falibilidade envolve a possibilidade do mal num sentido ainda mais positivo: a «desproporção» do homem é *poder* de falhar, no sentido em que torna o homem *capaz* de falhar. Como diz Descartes: «Mas, enquanto também participo de certo modo do nada, ou do não ente, enquanto não sou o próprio ente supremo e me encontro exposto a uma infinidade de carências [*manquements*], de maneira que não é de admirar muito que me engane. ([120])». *Descubro-me exposto a...* Que quer isto dizer? Não será preciso afirmar ao mesmo tempo o «salto», a «posição» do mal, a «passagem», a «transição» da falibilidade para a falta?

Como se verá, os mitos de queda que mais acentuaram o carácter de rutura, de posição abrupta do mal, contam ao mesmo tempo o deslize subtil, a obscura inclinação da inocência em direção ao mal, como se não me fosse possível representar o mal como surgindo no Instante, sem simultaneamente o pensar como imiscuindo-se e progredindo na Duração [*Durée*]. Ele põe-se e ele procede. Certamente, é a partir do mal como posição que se descobre o aspeto contrário do mal como *consumação da fraqueza*. Mas este movimento da fraqueza que cede, simbolizada no mito bíblico pela figura de Eva, é coextensivo ao ato pelo qual o mal ocorre; existe como que uma vertigem que da fraqueza conduz à tentação e da tentação à queda. Assim, o mal, no próprio momento em que «confesso» que sou eu que o ponho, parece também nascer da própria limitação do homem pela transição contínua da vertigem. É esta transição da inocência para a falta, descoberta na

---

([120]) Descartes, *Meditações sobre a Filosofia Primeira*, *op. cit.*, Quarta Meditação, p. 167. [tradução modificada].

própria posição do mal, que dá ao conceito de falibilidade toda a sua equívoca profundidade. A fragilidade não é simplesmente o «lugar», o ponto de inserção do mal, nem mesmo apenas a «origem» a partir da qual o homem cai; ela é a «capacidade» para o mal. Dizer que o homem é falível é dizer que a limitação específica de um ser que não coincide consigo mesmo representa a fraqueza originária da qual o mal procede. E, no entanto, o mal não *procede* dessa fraqueza senão na medida em que se *põe*. Este derradeiro paradoxo estará no centro da simbólica do mal.

Posfácio([1])

1. Rumo a uma nova antropologia

Seis anos depois de ser publicada a tradução portuguesa de *A Simbólica do Mal* de Paul Ricœur, aparece a tradução do primeiro livro da segunda parte de *A Filosofia da Vontade, O Homem Falível*, na prestigiada Edições 70.

Este texto de antropologia filosófica é um marco filosófico imprescindível na compreensão do homem depois do apuro das filosofias do sujeito, nomeadamente da crise do *cogito* soberano que marcou toda a modernidade. Nele, Ricœur mostra-nos que entende a razão humana como um problema vital, prático, não puramente intelectual, mostrando também que o dualismo antropológico tradicional já não é sustentável.

A grande novidade reside na afirmação de um conceito de finitude que não significa, como anteriormente, o contrário da

---

([1]) Versões anteriores deste texto foram publicadas originalmente no livro *Horizontes da Hermenêutica* (Coimbra: Ariadne, 2005), capítulo 1, «Corporeidade, queda e confissão», pp. 13-35, e no artigo «Hermenêutica e fragilidade em P. Ricœur» in *Prometeus, Filosofia em Revista* (Universidade Federal de Sergipe), n.º 12 (2013): 203-221. Agradecemos à editora Ariadne e à revista Prometeus a permissão para republicar aqui o texto em versão atualizada e modificada, sendo que a nova versão incide de forma mais aturada que as anteriores na natureza das paixões. Agradecemos igualmente à Edições 70 pelo interesse em publicar esta reflexão sob a forma de posfácio a esta tradução portuguesa de *O Homem Falível*.

infinidade, mas uma desproporção interior. Com efeito, a tese central desta obra é que o homem corpo-próprio (ou apropriado) é em si mesmo uma mistura de finitude e infinidade e, sobretudo, um esforço constante de mediação, imperfeita, que importa trazer à luz do dia. Neste intuito, Ricœur recorre a Kant, reinterpretando a dialética entre finitude, infinidade e mediação inscrita na sua filosofia, tanto ao nível do conhecimento como ao nível da razão prática.

O que é novo nesta leitura é a explicitação da realidade humana como dinamismo contrastivo, mistura, isto é, o processo de uma finitude que se sabe tal, porque é simultaneamente um movimento de infinidade: «Para que a finitude humana seja vista e dita é preciso que o movimento que a supera seja inerente à situação, à condição ou ao estado de ser finito.» ([2])

É esta estrutura originária da mistura ou contraste, própria do ser humano, que Ricœur considera ser a experiência primitiva que deu origem ao próprio dualismo tradicional entre corpo e espírito, bem e mal. Mas o aspeto verdadeiramente decisivo desta antropologia da fragilidade reside na natureza falível das mediações operadas pelo homem entre o polo da finitude e o da infinidade, a cada um dos níveis referidos. A raiz da fragilidade reside justamente no carácter sempre imperfeito e sempre falível das mediações humanas.

Além disso, o filósofo francês, oriundo da fenomenologia, acrescenta outro nível à dialética transcendental de Kant, o do sentimento ou afetividade, lugar verdadeiro da experiência de conflito, intrínseca à finitude, que escapou a todos os modernos. Os três níveis do processo de mediação imperfeita, que se vai agudizando do teórico ao prático e culminando no sentimento, correspondem à vivência interior da desproporção que ainda é passível de síntese em Kant, tanto ao nível teórico como ao nível prático.

Mas, porque desde Husserl sabemos que também somos afetividade, sentimento, aquilo que Ricœur vai explorar é a intencionalidade deste sentir, mostrando-nos como ela é absolutamente paradoxal. Agora é o coração – ou o *thumos,* tal como Platão o designava – a instância mediadora que tanto combate ao lado das

---

([2]) Ricœur, «L'Homme Faillible» (Paris: Aubier), 1960, p. 43.

paixões como ao lado da razão, não permitindo qualquer tipo de sínteses apressadas([3]).

A importância da meditação ricœuriana sobre a natureza corpórea do homem, concentra-se, de facto, nesta sua compreensão do sujeito em relação com a problemática da afetividade, sempre esquecida pela antropologia dualista tradicional e considerada agora como conflito vivido. É no patético da miséria ou da discordância interior vivida pelo homem e desenvolvida já pelo mito platónico de *Eros* e pela retórica pascaliana do homem distendido entre dois infinitos que Ricœur encontra os fundamentos da sua conceção de miséria humana. Esta experiência pré-filosófica permite-lhe encontrar as raízes de uma conceção antropológica não dualista. Para isso, ele deverá recuperar o *pathos* da miséria por meio da exigência conceptual da filosofia.

Com esta opção pelo *pathos* do homem intermediário, o filósofo contraria radicalmente a tese clássica, que teve origem também em Platão, segundo a qual a alma está exilada num corpo, e o corpo é uma espécie de punição da alma, um lugar de corrupção e origem do mal. O corpo era aqui considerado como lugar de infortúnio e castigo e era abandonado pela morte. Também a visão ascética moderna, que deu origem ao domínio da alteridade do mundo, racionalizou o mito órfico da alma exilada que subjaz ao dualismo antropológico que, com Descartes, dividiu o homem em *res cogitans* e *res extensa*. O corpo foi também aqui desvalorizado por ter sido reduzido a uma máquina, um objeto manipulável. Não existe nesta altura qualquer aperceção do meu próprio corpo, pois ele é objetivável de forma plena. Além disso, o corpo continua a ser o lugar das paixões que os antigos tratados das paixões consideravam como a origem do mal.

Ora, para Ricœur, aceder ao homem concreto, depois das hermenêuticas da suspeita sobre o primado da consciência e da fenomenologia do corpo-próprio, significa ultrapassar o registo dualista que apenas significou o medo da alteridade em mim. Implica dar um novo passo que permita pensar a estranha coabitação, no homem, de liberdade e falta, isto é, o modo como em nós coexistem a liberdade e a sua escravatura. A duplicidade faz parte e revela-se agora como a textura do próprio *cogito* integral([4]); um

---

([3]) *Ibid.*

([4]) Ricœur, *Le volontaire et l'Involontaire* (Paris: Aubier, 1950), p. 17.

novo dualismo, já não ontológico mas existencial, substitui, pois, no seio da própria unidade vivida, o tradicional dualismo entre o entendimento e a sensibilidade.(5)

O *cogito* surge interiormente dividido(6), já não é o resultado de um ato de pura distância e iniciativa, e vive, pelo contrário, marcado pelo diálogo com as suas próprias condições de enraizamento.(7) Diálogo que se realiza ao longo de todo o processo histórico de constituição da identidade humana, uma identidade marcada pela aventura da diferenciação, dada a estrutura intersubjetiva do ser corpo próprio: um ser com outros.

Esta nova abordagem, Ricœur reconhece-o, suscita problemas complexos e diferentes métodos de reflexão. Mas a grande questão ontológica para que ela nos remete é esta: sendo o homem razão encarnada, corpo próprio, se não pensássemos a possibilidade da falta como uma perda da inocência, ela já não seria falta(8), e tornar-se-ia constitutiva(9). O absurdo seria então a categoria originária da existência humana, tese que o autor rejeita, marcando muito claramente a sua posição: a falta não destrói as estruturas fundamentais, é apenas um acidente.

Opondo-se claramente à tese segundo a qual a humanidade estaria, pelo facto de ser corpórea, totalmente disseminada e corrompida, o filósofo recusa a interpretação do absurdo e da pura passividade como categorias fundamentais da finitude. O mal não é de modo nenhum um elemento necessário do involuntário absoluto(10), não pertence às estruturas ontológicas puras do homem concreto. Se assim fosse, este estaria completamente votado à errância e à irresponsabilidade. Para o filósofo, na linha de outros pensadores como Louis Lavelle, o pessimismo expresso neste tipo de teses, que não querem conhecer o mal como obra da liberdade, é apenas uma desculpa que nos damos a nós próprios, uma falta de confiança e uma forma de abdicar da atividade em que realmente consiste o nosso espírito.(11)

---

(5) Ricœur, *idem*, pp. 20-21.

(6) *Ibid.*, p. 17

(7) *Ibid.*, pp. 21-22.

(8) *Ibid.*, p. 30.

(9) *Ibid.*

(10) *Ibid.*, p. 26.

(11) Veja-se Louis Lavelle, *Le mal et la souffrance* (Paris: Plon, 1940), pp. 58-59.

Assim se compreende que a primeira etapa de uma filosofia do homem corpo-próprio tenha sido constituída por uma análise eidética da vontade, à qual coube a descrição pura do *voluntário e do involuntário*, que cumpriu assim uma função: traçar o pano de fundo que permite escapar à ontologização gnóstica do mal, fazendo antes aparecer a falta como queda, perda, acidente([12]). Tal foi a aposta de Ricœur: descobrir as estruturas finitas neutras do homem que permitem contrariar o peso que no Ocidente teve uma determinada conceção de homem e de mal.

O objetivo fundamental do filósofo francês foi, de facto, combater o impacto que o dualismo gnóstico teve durante séculos na filosofia e teologia tradicionais.([13]) É este, em suma, o horizonte em que devemos perceber a novidade da tese de Ricœur quanto ao mal: ele é a perda da inocência, um acontecimento inexplicável, e não uma consequência ontológica da finitude e do corpo, como queriam as filosofias tradicionais influenciadas pela gnose.

Então, se finitude não significa necessariamente uma doença do espírito mas, pelo contrário, a mistura que é condição deste, o autor precisa de distinguir, num segundo momento, entre *finitude* e *culpabilidade* por meio de uma nova via de pesquisa antropológica. E é essa que lhe vai permitir mostrar como a constituição peculiar do homem, revelada já em *Le volontaire et l'involontaire* (entre *bios* e *logos*) é frágil e capaz de se orientar para o mal.

Isto quer dizer que se as análises feitas anteriormente em *Le volontaire et l'involontaire* foram preparatórias e puramente eidéticas, Ricœur sabe que a eidética tem limites: ela não permite compreender a génese do mal, dado que este não faz parte da ontologia do corpo próprio. Como entendê-lo então? O autor responde-nos deste modo: por meio de uma análise da ideia de fragilidade humana e de uma convergência de indícios que permitam estabelecer uma topografia do absurdo.([14]) Isto quer dizer o seguinte: a filosofia da vontade feita em *Le volontaire et l'involontaire*

([12]) Ricœur, *Le volontaire et l´involontaire*, p. 30: «Seule une description pure du volontaire et de l'involontaire en deçà de la faute peut faire apparaître la faute comme chute, comme perte, comme absurdité, bref institue le contraste qui lui confère sa pleine négativité. La description pure donne à une théorie de la faute l'arrière-plan, la finitude d'une ontologie fondamentale.»

([13]) Ricœur, *Le conflit des interprétations. Essais d'herméneutique I* (Paris, Seuil: 1969), p. 268.

([14]) *Ibid.*, p. 27.

descobriu apenas o mistério e a opacidade do *sum*, capaz de dar origem ao possível, ao âmbito da iniciativa ou reino do fazer que ultrapassa, por isso, o modelo eidético da visão e da representação.

A filosofia da vontade deve por isso ser completada por uma nova abordagem do homem como experiência vivida do paradoxo existencial, mediante uma descrição propriamente empírica que, numa segunda fase, possa mostrar-nos em que medida existir é estar exposto à falha([15]) e como a falibilidade ou fraqueza constitutiva do existir humano permite que o mal surja e seja possível([16]).

Todo o esforço do filósofo nesta obra que agora se apresenta em português será então o de recuperar o *pathos* do homem intermediário por meio de uma verdadeira reflexão, isto é, de um modo de pensar que não parta direta e apressadamente do eu, mas do objeto que está diante dele, podendo assim remontar às suas condições de possibilidade.([17]) Ricœur adota, para isso, o ponto de vista da imaginação transcendental kantiana, de modo a fugir à nebulosa da introspeção subjetiva, própria do patético da miséria humana, e a manter o rigor filosófico([18]). Sem esta etapa transcendental, diz-nos, uma antropologia filosófica não seria possível, pois não seria mais do que uma ontologia fantástica do ser e do nada.

2. O conceito de desproporção

O primeiro resultado de uma reflexão filosófica sobre a *desproporção*, como característica ôntica do homem, aparece então quando se analisa, como fez Kant, o poder de conhecer: o que era *mistura* e *miséria* na compreensão patética de Platão e de Pascal passa a chamar-se, na filosofia transcendental, *síntese*([19]). Parece, pois, razoável procurar uma recuperação da patética pelos meios da reflexão pura. Ricœur sabe, no entanto, que a desproporção do conhecer([20]) não é ainda a falibilidade, que o ponto de vista transcendental tem limites e nunca esgota a riqueza originária do que foi dado no patético da miséria.

([15]) Ricœur, *L'Homme Faillible*, p. 9.

([16]) *Ibid.*, p. 11.

([17]) *Ibid.*, p. 25.

([18]) *Ibid.*

([19]) *Ibid.*, p. 36.

([20]) *Ibid.*, pp. 42, 45; pp. 46-47.

Vejamos: o conflito humano começa, de facto, por ser visível ao nível do conhecer quando se retoma o tema kantiano da imaginação transcendental; com efeito, para Kant o conhecimento implicava já uma tensão entre o perceber e o significar ou dizer e encontrava o seu momento intermediário na imaginação transcendental([21]). Esta, por sua vez, descobria a sua situação no cruzamento entre a sensibilidade recetora e a racionalidade do entendimento. Então, o esquema da imaginação era o meio-termo que permitia a síntese no objeto e que nos mostra, na leitura de Ricœur, que o homem é um ser que opera mediações entre o finito e o infinito nas coisas.

Ao nível prático o conflito voltava a aparecer em Kant e revelava-se, desta vez, na dialética entre o caráter e a felicidade, que também encontrava o seu momento intermediário no imperativo ético do respeito, sendo este uma tarefa inacabada, a de ser pessoa. Isto é, uma maneira de tratar o outro e de se tratar a si mesmo, escopo no qual a minha ação encontra um sentido, que é simultaneamente um modo de existir([22]).

Mas também o respeito, pensa Ricœur, é uma mediação frágil pois nele o homem experiencia a sua dupla e simultânea pertença ao mundo sensível – enquanto sujeito que obedece – e ao mundo inteligível, enquanto soberano que ordena. No entanto Kant revelava que esta desproporção prática permitia ainda uma mediação, na qual, segundo Ricœur, «[se] inscreve a possibilidade de uma discordância e de algo como a "falha" existencial que constitui a fragilidade do homem»([23]).

É preciso, pois, ir mais longe do que Kant e chegar ao núcleo vivo da falha, à génese recíproca do conhecer e do sentir, isto é, assistir ao movimento da sua mútua promoção como aquilo que constitui o verdadeiro núcleo conflitual da pessoa. Além disso, há que reintroduzir no discurso filosófico aquilo que a filosofia transcendental deixou de lado: o significado originariamente denso da temática da mistura humana e o vivido da sua miséria. Daí que Ricœur nos diga: «O sentido no qual há que procurar

---

([21]) *Ibid.*, p. 63. Veja-se também Michel Renaud, «Fenomenologia e Hermenêutica. O Projeto Filosófico de Paul Ricœur» in *Revista Portuguesa de Filosofia* XVI (1985): 1-38.

([22]) Cf. Ricœur, *L'Homme Faillible*, p. 88.

([23]) *Ibid.*, p. 92.

é-nos indicado pelo próprio movimento da reflexão anterior. Essa reflexão foi constituída pela redução do patético. Mas esse patético não era desprovido de toda e qualquer temática. Tinha, aliás, uma linguagem apropriada: mito e retórica. Se, portanto, esse *pathos* já era *mythos*, isto é, palavra, deve ser possível restituí-lo na dimensão do discurso filosófico. (...) Por outras palavras, aquilo que está em jogo numa filosofia do sentimento é o próprio afastamento entre a exegese puramente transcendental da "desproporção" e a experiência vivida da "miséria".» ([24])

É necessário mostrar que a desproporção, sempre sentida, entre desejo vital e intencionalidade significante, constitui de facto o homem integral, aquele cuja razão não se estreitou ainda, fixando-se na dimensão meramente operatória e anulando com isso os seus sentimentos.

Ricœur faz surgir aqui uma ideia de razão mais alargada, a razão sensível do ser intermediário que somos, constituída pela própria diferença entre a interpretação reflexiva e transcendental da desproporção, e a experiência vivida da desproporção. É de facto, diz-nos, na génese reciproca do conhecer e do sentir que pode aparecer o significado do sentimento. ([25]) Fora desta génese, o sentimento é apenas uma palavra que já não diz o homem inteiro, mas abrange uma multitude de estados parciais. ([26])

3. O homem coração

O filósofo reconhece que a filosofia tem alguma dificuldade em falar de sentimento, pois ela está habituada a oscilar entre as oposições estabelecidas por uma conceção de entendimento que o reduz a um detrito ou por uma filosofia complacente do sentimento que o circunscreve a uma espécie de intuição pura que descobre no coração coisas que o entendimento não percebe. ([27]) Este facto resulta dos pressupostos habituais que nos fazem esquecer que a verdadeira racionalidade surge da afinidade entre a sensibilidade

---

([24]) *Ibid.*, pp. 98-99.

([25]) *Ibid.*, p. 99.

([26]) *Ibid.*

([27]) Ricœur, «Le sentiment» in Paul Ricœur, *À l´école de la phénoménologie* (Paris: Vrin, 1986), pp. 251-265.

e a razão. «O sentimento é mais do que a identidade da existência e da razão na pessoa, é a própria pertença da existência ao ser do qual a razão é o pensamento.» ([28])

Para o filósofo a razão é sentimento, uma razão frágil, claro está, porque tocada pela dualidade de fins que todo o dualismo antropológico comodamente separou. É agora o *thumos*, e não tanto a imaginação transcendental, o «terceiro termo» da existência humana, «já não intencional e perdido no objeto, mas terceiro termo que se tornou para si e sensível pelo sentimento e enquanto sentimento» ([29]).

É porque somos afeção que sentimos a dualidade existencial, que nos constitui, como uma desproporção infinita e o problema é que aqui a mediação nunca é encontrada ([30]); transforma-se em conflito. O polo finito é agora representado pela perfeição finita do prazer que, para o filósofo, não é ainda o mal mas apenas a experiência precária da perfeição. O prazer não é a queda mas corre o risco de fechar o horizonte afetivo do homem. ([31]) Por sua vez, o polo da infinidade diz respeito à felicidade, à plenitude afetiva ou beatitude. ([32]) É esta dualidade de terminações afetivas que anima e orienta os movimentos dos apetites que provocam a cisão interior do desejo humano de afirmação. ([33]) Se não partirmos da desproporção originária entre o desejo vital e o amor intelectual (ou a alegria espiritual), «perdemos por completo a especificidade da afetividade humana. (...) A humanidade do homem é este desnivelamento, esta polaridade inicial, esta diferença de tensão afetiva entre cujos extremos o "coração" está colocado.» ([34])

A razão personaliza-se no sentimento, tal é a tese de Ricœur: «o sentir desdobra[-se] *como* o conhecer, proporcionalmente ao conhecer mas, no entanto (...) no modo do conflito interior» ([35]). Com efeito, a dualidade silenciosa do conhecer e do sentir era, no contexto da filosofia transcendental, amortecida no objeto e na pessoa; mas esta filosofia nunca se interrogou sobre a natureza

([28]) *Ibid.*, p. 260.
([29]) *Ibid.*, p. 261.
([30]) *Ibid.*, pp. 260-265.
([31]) Ricœur, *L'Homme Faillible*, pp. 110-111.
([32]) *Ibid.*, p. 109.
([33]) *Ibid.*
([34]) *Ibid.*
([35]) *Ibid.*, p. 107.

deste sujeito que para ela era apenas a fórmula vazia da inteligibilidade do universo. Ele é agora, enquanto sentimento, uma dualidade dramática([36]): a distensão entre o princípio do prazer e o da felicidade.([37]) Com o sentimento «a dualidade polémica da subjetividade responde à síntese sólida da objetividade»([38]).

Nesta desproporção está contida toda a fragilidade afetiva do homem e a possibilidade fundamental do conflito. O sentimento vive por dentro de todas as desproporções que vimos culminar no conflito entre o carácter e a felicidade, isto é, na desproporção do carácter e da felicidade.([39]) O sentimento – ou «coração inquieto» – é, assim, o momento frágil por excelência.([40]) É que ao interiorizar as ligações possíveis do eu ao mundo, o coração, núcleo de uma razão sensível, suscita uma nova cisão: a de si consigo mesmo.([41])

Tal é o mistério do sentimento: revela sempre um aspeto da coisa visada e, por meio dela, a ligação profunda e inobjetável da nossa existência ao ser e aos entes através do desejo e do amor.([42]) O coração ambíguo e frágil designa assim toda a região mediana da vida afetiva que faz a transição entre as afeções vitais e as espirituais e que a filosofia transcendental deixou de lado. Com efeito, o sentimento expõe-nos, revela a nossa própria intimidade através da sua intencionalidade e mostra-nos que só um ser racional pode ser sentimento.([43]) Isto é, que a humanidade do homem é a polaridade inicial entre cujos extremos está situado o coração: o viver e o pensar.

É porque somos vida que pensa, logo, que se faz sentimento, que a nossa consciência é, antes de mais nada, coração, o *thumos* inquieto, que já Platão situava entre o desejo vital – que contrai a felicidade num instante – e o desejo espiritual([44]) – que pretende a totalidade e a felicidade. Como afirma Ricœur, «o *conflito* diz respeito à constituição mais originária do homem», e se, de facto,

---

([36]) Ricœur, «Le sentiment», p. 266.
([37]) Ricœur, *L'Homme Faillible*, p. 144.
([38]) *Ibid.*, p. 123.
([39]) *Ibid.*, p. 98.
([40]) Ricœur, «Le sentiment», pp. 262-274.
([41]) Ricœur, *L'Homme Faillible*, p. 148.
([42]) *Ibid.*, pp. 104-105.
([43]) Ricœur, «Le sentiment», p. 264.
([44]) Ricœur, *L'Homme Faillible*, p. 108.

o «objeto é síntese, o eu é conflito»([45]): uma busca indefinida e insaciável na qual se atesta a condição sempre transitiva, frágil, do ser humano e a própria possibilidade da queda.

A razão deste facto, explica Ricœur, é que «as afeções que entretecem esta busca são aquelas que animam as paixões mais importantes da história e da cultura»([46]); que paixões são estas? Aquelas que são essencialmente interpessoais, sociais, culturais e comunitárias, que Kant classificava como a paixão do ter, do poder e do valer. Ricœur sublinha a bondade originária destes afetos e afirma que por trás das formas passionais aberrantes que elas têm assumido, e que Kant levou em consideração, na linha dos antigos tratados das paixões, estão autênticas exigências da vida humana que devem ser recuperadas, uma vez que são constitutivas muito antes de serem alienantes. É, de facto, por seu intermédio que o si-mesmo constitui a sua diferença relativamente às coisas e que «se distingue pelo meu, que se afirma pela autoridade, que encontra o seu valor na opinião do outro, isto é, na aprovação e na estima»([47]).

Ricœur critica a perspetiva destes tratados, porque ela parte deliberadamente da ideia de desejo com uma simples terminação finita e nunca repara, senão esporadicamente, no «confronto entre as duas afetividades, por exemplo quando distinguem entre prazer sensível e alegria espiritual, ou assinalam que eles se impedem mutuamente, ou a repercussão do espiritual no sensível»([48]). Como a dialética afetiva não interessava a estes tratados, eles não prestaram atenção ao problema do intermediário.

Ora, é por meio das correspondências entre estas exigências afetivas e da criação de novos níveis de objetividade dos objetos humanos, tais como as realidades económicas, políticas e culturais, que podemos compreender realmente o *sum,* as suas capacidades e as suas falhas: «A "diferença" de um Si não se constitui senão em ligação com coisas que acederam, elas próprias, à dimensão económica, política e cultural. Temos, portanto, de especificar e articular a relação do Si com outro Si por intermédio da objetividade que se edifica sobre os temas do ter, do poder e do valer.»([49])

([45]) *Ibid.*, p. 148.
([46]) Ricœur, «Le sentiment», p. 262.
([47]) *Ibid.*, p. 262.
([48]) Ricœur, *L'Homme Faillible*, p. 124.
([49]) *Ibid.*, p. 129.

É claro que estas exigências, as quais entretecem a nossa afetividade e estruturam as relações intersubjetivas, estão situadas sob o signo da fragilidade e do conflito. Nelas expressam-se desejos indefinidos, os do ter, poder e valer, que tornam possível o surgimento da história, mas também o aparecimento da infelicidade. Ricœur esclarece-nos que usa o termo paixão referindo-se a um tipo de sentimentos que não se limitam à simples derivação dos sentimentos vitais nem à cristalização da emoção ou, em geral, ao horizonte do prazer.([50]) Alude, pelo contrário, às grandes peripécias que constituem a dramaturgia da existência humana e que procedem da atração infinita da felicidade([51]): «Na paixão, de facto, o homem coloca toda a sua energia, todo o seu coração, porque um tema de desejo se tornou tudo [*tout*] para ele. Este "todo" [*tout*] é a marca do desejo de felicidade: a vida não quer o todo. A palavra "todo" não tem sentido para a vida, mas para o espírito: é o espírito que quer o "todo", que pensa o "todo" e que não ficaria em repouso senão no "todo".»([52])

Aqui reside a fonte de toda a ilusão e engano: só um ser que quer o todo e que o esquematiza nos objetos do desejo humano «pode equivocar-se, isto é, tomar o seu tema pelo *Absoluto, esquecer* o carácter simbólico do vínculo entre a felicidade e um tema de desejo. Este esquecimento faz do símbolo um ídolo»([53]).

O coração inquieto, núcleo do *sum*, é ávido e nele o *soi* procura encontrar-se, numa busca sem fim, na qual se atesta a fragilidade do ser humano. Ele procura, por um lado, a plenitude da realização, que termina o movimento da vida no instante, e, por outro, o equilíbrio que só pode dizer respeito à história de uma vida. «A dualidade do homem que a imaginação transcendental apaziguava no objeto é agora avivada e interiorizada no sentimento, no conflito essencial entre o prazer e a felicidade.»([54]) E Ricœur vai mais longe ainda na exploração desta fragilidade, afirmando que todos os outros conflitos que nos caracterizam, quer se diga que têm origem na nossa infância ou nas nossas relações com o meio, só podem ser interiorizados «porque o conflito interior a

([50]) *Ibid.*, p. 145.
([51]) *Ibid.*
([52]) *Ibid.*, p.146.
([53]) *Ibid.*, p. 147.
([54]) Ricœur, «Le sentiment», *op. cit.*, p. 264.

nós próprios precede-os, recolhe-os e dá-lhes a nota de intimidade que é a sua desde a origem»([55]). Somos uma realidade mista e esta mistura é, segundo o filósofo, «a manifestação progressiva da *falha*», que faz do homem uma mediação frágil para si mesmo.([56])

4. Falibilidade e queda

No entanto, Ricœur é claro: fragilidade não significa de modo algum o mal, é antes a ocasião, o ponto de menor resistência por onde o mal moral pode penetrar no homem. Entre a falibilidade e a queda há então uma distância fundamental. O mal é da ordem da ação, não é ontológico, refere-se ao âmbito do fazer.([57]) É obra da liberdade, do agir ou do tempo([58]), o que quer dizer que precisa de ser reconhecido e assumido como qualquer coisa de negativo, que poderia não ter acontecido, isto é, como uma traição.([59]) Por outras palavras, só o modo como o mal afeta a existência e o seu projeto de sentido o torna, de facto, manifesto.([60]) É, pois, na confissão (uma forma de adscrição a si dos seus atos) por meio de uma linguagem ambígua e emotiva que a liberdade humana atesta simultaneamente a sua culpa e o reconhecimento de que poderia ter agido de outro modo, isto é, a sua revolta contra o mal, assumindo-o como o que não devia ser.

Neste sentido, «é esta *confissão* que liga o mal ao homem, não somente como o seu lugar de manifestação, mas como o seu autor»([61]). Só o remorso ou a luta contra o mal permite pois que a nossa liberdade se afirme como princípio de uma nova ordem, de que ainda sou capaz, apesar do mal, e que vai tomando rosto e figura à medida que o homem atesta as suas capacidades de sentido e afirmação originária.

Daí que só a linguagem contrastiva da confissão e o seu enredo simbólico possam permitir pensar o sofrimento da experiência do mal. É neste sentido que *O Homem Falível* dá lugar à *Simbólica*

([55]) *Ibid.*, p. 273.

([56]) Ricœur, *L'Homme Faillible*, p. 156.

([57]) *Ibid.*, p. 159.

([58]) Ricœur, *Le conflit des interprétations, op. cit.*, p. 269.

([59]) Ricœur, *L'Homme Faillible*, p. 93 e p. 162.

([60]) *Ibid.*, p. 14

([61]) *Ibid.*, p. 15.

do Mal, onde Ricœur nos revela que é necessário perceber a estranha coabitação no homem de bondade originária e mal (radical), e o modo como esta se torna a raiz da ética ou da vida prática. O mal é uma categoria da ação e da ética, e não da teoria([62]), *diz respeito* ao homem relacional da vida ativa, lugar verdadeiro das experiências éticas de contraste. Ele exige a análise de uma linguagem simbólica, tocada pela emoção e onde se diz a ação e a culpa. Trata-se da linguagem da confissão, onde o homem frágil se revela simultaneamente capaz na relação com o outro por meio de uma linguagem densa, marcada pelo duplo sentido que interpela a interpretação e nada é sem ela.

Surge assim *A Simbólica do Mal*, segunda parte de *Finitude e Culpabilidade*, devotada á análise hermenêutica dos símbolos e mitos do mal. «A simbólica do mal fará então uso de um grande desvio, no final do qual será talvez possível retomar o discurso interrompido e reintegrar os ensinamentos dessa simbólica numa antropologia verdadeiramente *filosófica*.» ([63])

A via longa da hermenêutica, explorada após *A Simbólica do Mal*, e a sua noção de que o símbolo é uma estrutura de duplo sentido que exige interpretação vai levar Ricœur por um caminho dedicado primeiramente à compreensão da linguagem, nas suas dimensões de estrutura, diálogo, texto, metáfora, ação e narrativa. Só depois desta longa e densa exploração da linguagem como traço básico do homem capaz é que o filósofo retomará, já num outro contexto, o problema da antropologia do homem falível e capaz. Tal viria a acontecer na obra *Soi-même comme un autre*([64]), publicada em 1990, e que constitui a segunda fase da antropologia filosófica de Ricœur, antropologia cujas raízes se encontram no presente volume, cuja tradução portuguesa agora se publica, e sobre o qual importa meditar.

Coimbra, março de 2019

MARIA LUÍSA PORTOCARRERO

([62]) Ricœur «Le scandale du mal» in *Esprit* 7-8, «numéro spécial Paul Ricœur» (juillet-août 1988): 60.

([63]) Ricœur, *L'Homme Faillible*, p. 159.

([64]) Ricœur, *Soi-même comme un autre* (Paris: Seuil, 1990).

Índice